朝日新書
Asahi Shinsho

仕事が好きで何が悪い！

生涯現役で最高に楽しく働く方法

松本徹三

朝日新聞出版

はじめに

日本は世界にこれまで例を見なかったような「高齢社会」に突入しており、これがGDPの深刻な伸び悩みと、財政の悪化を招いています。しかし、「高齢化」は止めることができないので、これを嘆いていても仕方がありません。

今必要なことは、その「高齢化」をむしろ逆手にとって、流れを良い方向へと変えていくこと。これしかありません。

世の中には、明らかに「良い高齢者」と「悪い高齢者」がいます。一言で言えば、良い高齢者とは「世の中のためになっている高齢者」、悪い高齢者とは「世の中に害をなしている高齢者」のことです。

今は、残念ながら、「良い高齢者」は社会の片隅でひっそりと生きており、「悪い高齢者」がのさばって、社会の改革を阻害しているかのようです。ですから、この状態を逆転することこそが、最良の処方箋《しょほうせん》であるように思えてなりません。「悪い高齢者」は退場し、「良い高齢者」がどんどん社会に復帰してきて欲しいのです。

まずは、私自身のことを少し話させてください。コロナによる社会の混乱でしばらくの間逼塞《ひっそく》していた私は、2022年の9月のある日に、82歳で翻然と決意しました。「そうだ。これからはどんな苦労も厭《いと》わず、生涯をかけて働くことにしよう」。こんな決意をした背景には、それまではそんなに意識していなかった「自分なりの使命感」のようなものが、なぜか突然、私の心の中を埋め尽くすようになっていたからです。

私には、20歳代の頃の自分を「あまり良い人間ではなかった」と恥じる気持ちがあり、「歳をとって余裕ができたら、少しでも『良い人間』になって、その埋め合わせをしたい」という気持ちがずっとありました。

ですから、ここ数年間は、毎日をその気持ちと共に過ごしていたのですが、現在の日本をめぐる「様々な憂慮すべき事態」が嫌でも耳に入ってくる昨今は、「こんなふうに漫然と日々を送っているだけで、果たして自分は本当に『良い人間』になったといえるだろうか?」という思いが、次第に募ってきていたようです。

歳をとったら「悠々自適」の生活を楽しもうと、多くの人が夢見ているのは事実でしょう。しかし、現実には、そういう生活を素直に楽しめている人はそんなに多くはないようです。

長年仕事をしてきた人は、急に仕事をしなくなると、何となく世の中と縁が切れてしまったような気がして、寂しいというか、張り合いがないというか、要するにそんなに楽しくはないのです。

自分では何もできないとなると、世の中の色々なことに腹が立つことも多くなり、それが高じると、いつも何かに文句をつけている「しかめっ面の老人」になり、周りから嫌がられる存在に成り下がってしまいます。

そんなことなら、「悠々自適」の夢なんか捨てて、働けるなら働き、「若い人たちの税金や社会保険料で養ってもらう」側ではなく、「税金や社会保険料を払っている」側に回って、何の引け目も感じることなく、できるだけ長く「社会の普通の構成員」として堂々と生きている方が、はるかに気分が良いのではないでしょうか?

人間は、すぐに固定観念を持ち、なぜか無意識のうちにそれに縛られてしまう動物のようです。人間にとって、長い間、「働く」ということは、「自分の時間を不本意に使われる」こと、つまり「苦痛」を意味してきました。生活費を稼ぐためには、それに耐えていくしかなかったのです。

ところが、よく観察してみると、世の中には「働く」ことが好きな人も多いし、「それが生き甲斐《がい》だ」という人も結構います。

サラリーマンは、大体において型にはめられた仕事を強いられることが多いためか、「権力を振り回す」楽しみに浸っている一握りの人を除いては、毎日の仕事を楽しめている人はそんなには多くないようですが、それでも例外はいます。

自営業の人や、好きな研究などに没頭できる立場の人になると、仕事の好きな人の比率はずっと多くなります。

私が多くの人にお勧めしたいのは、固定観念を捨てること、中でも「働く」ということについての固定観念を捨てることです。

サラリーマンには「定年退職」というものがありますが、これを「長年の苦痛からやっと解放された」と受け取って、実際にしみじみとそういう思いに浸る人は、そんなに多くはないのではないかと思います。「これからもやはり、もうしばらくは働き続けた方が良いのでは」と考える人の方が、今の日本では多数派ではないでしょうか?

それならば、この人たちは、「少なくともこれからは、働き方を自分で決められるのだから、嬉しいよね」と考えるべきです。そうすれば、きっと、かなり気分が晴れるでしょう。本当は「後々の生活費が心配」という動機の方が大きかったとしても、それはあえて意識せず、気分の晴れるような考えに浸るべきです。

高齢になると、体の自由が昔ほど利かなくなり、疲れ易くもなります。目はしょぼしょぼするし、体の方々が何やかやと不調を訴えてきます。動作は救い難いほどに緩慢になり、何をやるのも億劫《おっくう》になります。しかし、その一方で、明らかに良いこともあるのですから、そんなに捨てたものではありません。

それは「自由度」の高さです。

子供の教育やローンの支払いなど、心配の種が常に重くのしかかってきていた現役時代に比べれば、これは夢のような世界です。

以前には得られなかったこのような「自由」をどのように使うか？

このことを深く考えてみることが大切です。


「こういう本を書いてみたら？」という提案を出版社から受けた時、私は二つ返事で引き受けました。「できるだけ多くの同年代（65歳以上）の人たちに、できれば自分と同じように考え、同じような行動をとってほしい」という、身勝手な気持ちが強かったからだったと思いますが、実はそれ以上に、「今後の生き方について迷っている50代から60代前半の人たち」にも、私なりの何らかのアドバイスをしたいという気持ちもあったと思います。この年代の人たちの中には、本当に思い悩んでいる人たちが結構多いように思えたからです。

いや、想定以上に対象読者は幅広いかもしれません。今の私には、働き盛りの今の若い世代の人たち（現時点でビジネスの最前線に身を置いている20～40歳代の男女）にも、言いたいことがいっぱいあるからです。

それはこの本のテーマからは外れるのではと言われるかもしれませんが、あながちそうとも言えません。

なぜなら、今の若い人たちも、いつかは高齢者になるからです。

その頃になると、医療や保健の水準が今よりもっと高くなっているでしょうから、悩みは「恐ろしいほど長い期間」になると思います。働き盛りの若い人たちにも、「将来は、悪い高齢者にはなりたくない。できれば良い高齢者になりたい」という気持ちは、少しはあるでしょうから、もしそうなら、今のうちにこの本からも色々なヒントを受けて、是非その準備をしてほしいと、私は心から願っています。

84歳になっても、今なお普通の若い人たちと同じような感覚で仕事をしている私自身は、かなりの「変わり種」であることは認めます。私は22歳で伊藤忠商事に入社し、色々な紆余曲折《うよきょくせつ》はありましたが、定年の4年前に退社して独立するまでの34年間は、日本の大企業の普通のサラリーマンとして仕事をしていました。

しかし、その間もずっと、「与えられた仕事を大過なくこなそう」などと思ったことは、一度もありませんでした。

配属された部署の多くが、たまたま「新しい仕事を作り出さねば存続できない」ところだったこともありますが、生まれつき「世の中の移り変わり」に敏感な方だった私は、常に「じっとしていたらどんどん遅れてしまう」という強迫観念に取り憑《つ》かれていたかのようです。

いつも「何か新しい商売のネタはないか」とか「もっと違ったやり方があるのではないか」とか、寝ても覚めても、そういうことばかりを考えていました。

ですから、今も考えることは、実は当時とほとんど同じなのです。年齢は全く関係ありません。

新しいアイデアを思いつくと夢中になり、それが空振りに終わってしまうと、しばらくは落ち込んでいますが、また気を取り直して、新しいアイデアを求めます。

仕事は成功か失敗の二つに一つしかないと思っているので、成功するためには、思いつく限りのことは何でもやります。協力してくれそうな人がいれば、どこへでも出向き、誰にでも頭を下げます。それは当然のことだし、自分にはそれ以外の選択肢はないと信じているからです。

歳をとったおかげで、「知識」と「経験」は確かに相当増えていますから、「無駄」や「失敗」の可能性は、かなり減っていると思います。しかし「仕事に対する姿勢」が変わることは全くありませんでしたし、これからもないでしょう。

そんな私ですから、今までには誇りに思えるような「良い仕事」もいくつかはできましたが、手痛い失敗も数多くしています。「空振り」に至っては、数え切れないほど多く、その数は「まともにできた仕事」を遥かに超えるほどです。

それなのに、この歳になってもまだ同じことをしているのは、「仕事」がもたらしてくれる「自由な発想の楽しさ」と「緊張感」故《ゆえ》でしょう。

「とにかくベストは尽くしたよな」とか「今なお、日々成長しているよな」とかいった「若干の達成感」が、なかなか捨てられないのかもしれません。

そのおかげで、足腰はかなり怪しくなってきていても、頭は全くボケません。

頭というものは、おそらく「使っていれば退化することはなく、むしろ鍛えられる」のでしょう。最近はむしろ、「以前より冴えてきているのでは」と感じるほどで、それが少し嬉しくもあります。

今は、出資者をはじめとする多くのステークホルダーに対して責任のある仕事をしていますから、まだまだ死ぬわけにはいかないし、そんなに簡単には死なないだろうという自信もあります。

私自身は特に長生きしたいわけではありませんが、仕事に対する責任感から人並み以上に健康に気をつければ、その結果として、もしかしたら思った以上に長生きができるかもしれません。もしそうなれば、これからますます加速していく科学技術の色々な進展を、自分自身の目で見られるようになるのですから、それはそれでとても嬉しいことです。

「変わり種」の私自身のことについて語るのはもうこの辺でやめて、この本の本題に戻りましょう。

それは、全ての高齢者に「悪い高齢者」ではなく「良い高齢者」になってほしいという、私の強い願いについて語ることです。

そして、私の言う「良い高齢者」とは、「周りに迷惑をかけたり、雰囲気を壊したりしない人」であるだけにとどまりません。もっと積極的に「良いことをする人」を意味しています。

私の考えでは、それは、「働ける限りは働いて、少しでも経済的な貢献を行い、将来の世代に不公正な負担をかけないようにする人」だと思います。

では、どうすれば、そういう「良い高齢者」になれるのでしょうか?

私のアドバイスは単純明快です。

それは、今まで慣れ親しんできた「日本のサラリーマンのやり方」を、一度綺麗さっぱりと忘れて、生まれ変わった一人の自由人として、「仕事に対する全く新しい取り組み方」を試みてみるということです。

「仕事に対する取り組み方」を変えても、これまでに身についた知識や経験の一部は、必ず役に立つでしょう。「デジタル化の急速な進展で、長年得意としてきたやり方が、既に陳腐化してしまった」というケースは結構多いでしょうが、それでも、「脇役に徹する」ことを覚悟さえすれば、やることはまだまだあるでしょう。

私にとっては、「日々新た」という言葉ほど、耳に快い言葉はありませんが、なぜか私には、この言葉が、「世の中の高齢者のためにある言葉」のように思えてなりません。歳を取れば取るほどに、この言葉が心に沁《し》みるようになれば、あなたの人生は最後まで充実したものになるでしょう。

「生涯現役で、最高に楽しく働く」ことが、もしあなたの望むところであるならば、あなたはこの言葉を、生涯にわたって常に噛み締めていくことになると思います。

この本が、あなたの生涯をそのような方向に導くことに、少しでも役に立てると良いのですが……。

仕事が好きで何が悪い！　目次

はじめに 3

第1章 悠々自適なんてしていられない

日本人は茹でガエル状態 24
82歳で私が起業した理由 26
今の年金制度は必ず破綻する 29
シニア世代が未来のためにできる三つのこと 32
「悠々自適」からは希望は生まれない 35
「働く＝苦痛」の価値転換 37
勤勉はいつか誇りになる 39
「人生の新しい楽しみ方」を見つけよう 42
人事評価や出世は本質ではない 45
仕事の快感は忘れることができない 47

第2章 老害と老益の分かれ道

年配者は職場で嫌がられる？　50
老害三原則　51
「偉い人」症候群　54
成功体験の罠　58
失敗経験をどんどん語ろう　59
「スピード」こそが、全てを分ける鍵　62
「とりあえず一呼吸置く」をやめる　65
「老害」があるのなら、「老益」もあるはず　68
趣味を楽しむのも大いに結構　70
夢中になれるものが持てないあなたへ　72

第3章　定年はサラリーマンの福音かも

好きこそものの上手なれ　76
なぜ新しい発想は大企業からは生まれにくいのか？　77
定年後には新しい地平が広がっている　80

定年後の仕事選びの三原則　82
人生の最後のチャンスを見逃さない　85
権力にこだわらず「脇役」として働く楽しみ　87
飄々と、一隅を照らそう　90
「困っている人を助ける」という選択肢　93
私の大失敗、しかし　96
仕事に対する不完全燃焼　98
縦割り組織では「誰もできない仕事」が溢れている　100
自分にしかできないミッションを見つける　103
「やれることは全てやった」と死ぬ前に思えれば十分　104

第4章　50代は人生で最も重要な時期

50代になったら「このままでいいのか」考える　108
これまでの仕事のやり方は通用しなくなる　110
人生でもっとも重要な時期がやってきた　112

何もしないことが評価された日本の企業文化　114
忍耐強く几帳面で、低賃金でも文句を言わない日本人　118
「何ができるか」ではなく、「何をすべきか」を考える　119
こぢんまりした仕事に慣れてはいけない　121
「心が躍る」瞬間を作っていく　123
一つの選択肢としての「起業」　125
ベンチャービジネスは誰でも実現可能に　127
副業から始めてみる　130
エンジェル投資家になるという選択肢　132
現時点の履歴書を作ってみる　134
「自分の市場価値」にはがっかりするもの　136
手抜きする仕事・頑張る仕事を区別する　139
表と裏を使い分ける　141
徹底的に部下の味方になる　142

第5章　誰もがいつかは高齢者になる

「何となく過ぎていく毎日」に流されていないか？　146
冒険なくして運は訪れない　148
別世界に触れ、そこからヒントを受ける　151
問題意識とぼーっとした意識を行き来する　153
単調な毎日に変化をつける　156
別世界にいる人との出会いを大切に　157
引っ込み思案は最大の敵　160
英語はいつやっても遅くない　162
組織に卑屈になる必要はない　165
会社にうんざりしたらすべきこと　168
今の仕事には決して手を抜くな　171
生きる価値は自分で決める　172
高卒だったキーエンス創業者　174
老後の生活の質で人生は逆転できる　176

第6章　デジタル・AIはシニアの救世主

なぜ高齢者はデジタルが嫌いなのか？　180
ざっくりわかるデジタル用語　182
デジタル技術が「何を可能にするか」だけは理解する　184
現在のパソコンはシニアに不親切　186
ソフトバンクの〝CSO〟として　188
最低限の性能のパソコンを持てば十分　190
デジテルを駆使すれば、どんどん学べる　193
コミュニケーションも、難しい仕事も支障なくこなせる　195
老後の楽しみはデジタルが叶えてくれる　198
こんな未来を体験したくはありませんか？　201

第7章　死ぬまで仕事で何が悪い！

働き続ければ心身の健康にも繋がる　206
定年後も脳を退化させない　208

「生き方」は大切だが、「死に方」も大切 211
死ぬときは淡々とした心境で 213
延命治療もお墓もいらない 215
思うがままにやって生ききる 217
「生涯の価値」は最後に決まる 219
仕事人生は「覚悟」を形成するためにある 222

おわりに 224

第1章　悠々自適なんてしていられない

日本人は茹でガエル状態

私自身のことを例に引くのは、あまり適切ではないかもしれません。なぜなら私は、すでに申し上げた通り、相当な「変わり種」だからです。

82歳近くにもなって、ある日突然一念発起して起業し、84歳になった今も、毎日ハラハラ、ドキドキしながら、現役時代と何ら変わらず、普通に仕事をしているのですから、「変わり種」と呼ぶしかありませんよね。

ですから、私は、同年配の方々に「あなたも私のようにやってみたら」というつもりは毛頭ありません。しかし、私がなぜそんな気持ちになったのかは、やはり一応説明しておくべきかと思います。

72歳でソフトバンクの副社長を辞めたあとは、私は自分の興味に引っ張られるままに、気ままに世界中を飛び回り、コンサルタントのような仕事をしていたのですが、コロナの蔓延《まんえん》を契機に、「こんな状態では当分は海外には行けそうにもないな。それならもうこの辺でいいか」という気持ちになり、「引退」を宣言して「悠々自適」の生活に入ることにしました。

これで、あとは「良い老人」になって毎日をのんびりと過ごすだけだと思ったのです。

ところが、そんな気持ちは、結局あまり長続きはしませんでした。少し退屈になったこともあったのかもしれませんが、やはりそれ以上に、「待てよ、こんな生活をしていて、本当に『良い人』になったと言えるのだろうか？」という気持ちが、ふつふつと湧いてきたのです。

その原因は、自分が住んでいる日本という国が、あまりにも危うい状態にあることに、嫌でも気付かされたからです。そうです。今の日本は、本当に相当危うい状態にあります。

5歳で終戦を迎えた私は、日本が絶望的な状態から少しずつ回復し、少しずつ誇りを取り戻す中で育ちました。そして、とにかくやみくもに働いているうちに、「知らぬ間に世界第2位の経済大国になっていた」という驚くべき世の中の移り変わりを、身をもって体験してきました。

しかし、その後の日本は、あまり芳《かんば》しくない状況が続いています。高度成長の行き着いた果てはバブル景気で、それが弾けると、その後には「失われた30年」が続き、今日現在もこの状況はあまり変わっていません。そして、このような状況に、やがては何らかの変化が訪れるのか、それとも、これから50年、60年と年月が経っていっても、何も大きな変化は起こらず、状況はどんどん悪くなっていくのか、未だに誰にも見えていません。

私自身が状況をどう見ているかといえば、「今のままなら、世界の中での日本の経済的な位置は引き続き下降線を辿り続けるだろう」と思っています。

なぜかといえば、理由は簡単で、今の日本人には押《お》し並《な》べて「危機感」というものが乏しいからです。要するに「茹でガエル」状態なのです。

82歳で私が起業した理由

「危機感」があれば、何らかの凄まじい行動力が生まれるはずですが、今の日本人は

「議論」ばかりで、一向に行動しません。本当は湯船の中は既に相当の高温になっているのに、「程よい微温だ」と錯覚し続け、思い切ってそこから飛び出すことが、全くできないのです。

大企業の多くの会議がその典型ですが、「そうだよなァ」と言って、一応は結論めいたものには同意するのですが、「でも難しいんだよなァ。色々あるからねェ」という意味不明の「決まり文句」が必ずこれに続きます。「みんなそれぞれによく考えてみてよ。次のステップについては来月の会議で議論しましょう」ということでお開きになり、あとは居酒屋談義になってしまうのがしばしばです。

こんなふうに、議論ばかりしていて、行動は驚くほど遅いペースでしか進まないので、気がついてみると、世界の多くの国々に、生産性でも成長力でも、どんどん抜かれていくように思えてなりません。「別に抜かれたっていいじゃあないか」という人もいますが、一度は「世界第二位の経済大国」ともて囃《はや》されてしまった日本人は、そんなことになったら、きっととても惨めな気持ちに苛まれるでしょう。

そして、私にとっての大きな問題は、その惨めな思いをするのが、私たち高齢者ではなく、私たちの孫たちの世代だということです。

何の責任もなく、無邪気に毎日を過ごしている孫の世代の子供たちに、そんな思いをさせることがわかっていながら、自分だけは「悠々自適」の毎日を送る？　そんな恥知らずなことができるでしょうか？

少なくとも私にはできません。だから私は、突如思い立って、自分の「悠々自適」は封印することに決めたのです。

今日現在享受している「世界でも例を見ないような手厚い年金制度や医療保険制度」が、やがては破綻するだろうということに、薄々気がついている高齢者は結構います。しかし、その中には「俺たちの世代はギリギリ逃げ切りセーフだけどね」と、臆面もなく言っている輩もいるのです。

さすがの私も、こういう言葉を聞くと、手がワナワナと震えるほどの怒りを感じます。「そんな無責任な連中と一緒にされるのだけはごめん被《こうむ》りたい」という気持ちが、否応もなく強くなり、せめて「生涯働く」決意をすることで、「自分は違うんだと身をもって示すしかない」とまで、思い詰めるに至ったというわけです。

今の年金制度は必ず破綻する

どんなに数字に弱い人でも、今の年金制度が今後とも安泰であると信じるのは難しいでしょう。

年金というものは、働いている人が積み立てたお金を、働かなくなった人が受け取っているのですから、働いている人の数が少なくなり、働かなくなった人の数が多くなれば、破綻するしかないのは当たり前です。「破綻する」とはどういうことかといえば、年金の額がどんどん減っていき、老後の生活が極端に貧しく、不安定になることを意味します。

現在の日本では、15歳から64歳までを「生産年齢人口」と呼んでいます。この年齢の人たちを一括《ひとくく》りにして、便宜上「働いている人」と見なしているわけです。14歳以下は「子供（年少人口）」であり、65歳以上は「高齢者（老年人口）」、この二つをひっくるめて、便宜上「働いていない人（従属人口）」と見なしているわけです。

この区分で数字を見ると、今から約10年前の2013年には、全人口に対する「生産年齢人口」の比率は61・3%、「高齢者」の比率は26・0%でした。ところが今から36年後の2060年に、この比率がどうなっているだろうかと推計すると、「生産年齢人口」の比率は50・9%まで減少する一方で、「高齢者」の比率は39・9%まで増加すると見られています。[*1]

言い換えれば、2013年には、「働いている人」一人が「働いていない人」一人の4割程度の費用を負担すれば良かったのが、2060年には、8割程度の費用を負担しなければならない、つまり負担が倍増するということなのです。

こんなことはできるわけがありませんから、「全てを抜本的に変えるしかない」ということになります。では、どこをどう変えるのか? 誰も押し黙るばかりで、何もハキハキとは言ってくれません。政府は「出生率がここまで上がったら」という仮説に基づいた数字を一応出していますが、どんなに色々な手を使っても、出生率がそんなに簡単に上がるという保証はどこにもありません。

移民を増やせば、「働いている人」の比率は劇的に増加しますが、野放図にこれをやると、取り返しのつかないレベルの社会問題を引き起こす恐れもあります。

政府が一番やりそうなことは、「少しずつ目立たぬように社会保険料を支払う人の数を増やし、料率も上げていく」ということでしょうが、これは最悪です。

苦し紛れに、こんな姑息《こそく》な手段に頼っていたら、今でも高負担に喘《あえ》いでいる「働いている人たち」は、さすがにもう黙っていられなくなるでしょう。「思いやり」とか「敬老精神」とか言った美しい言葉は、負担が一定限度に抑えられているからこそ語られるのであり、これが一定限度を越えれば、負担する側の不平不満は抑えきれなくなり、ついにはそれが、高齢者に対する「憎しみ」へと変わっていくのも避けられないでしょう。「憎しみ」はしばしば悲惨な事件を引き起こし、社会全体が、耐え難いほどにギスギスしたものへと変貌していくことになるでしょう。

そして、ここで一番割を食うのは、どう考えても「現在の働き盛りの人たち」です。散々高額の社会保険料を払わされた上、自分たちがその恩恵をこうむれるはずの時期になると、制度はすっかり違ったものになってしまっている可能性が高いからです。

現時点で「社会保険料の生涯拠出額が生涯受給額より少なくて済んでいるのは、1950年以前に生まれた人たちだけで、それ以後に生まれてきた人たちは、拠出額より低い金額しか受給できず、その差額は世代が後になるほど確実に拡大していく由です。[*2]
こんな酷い不公正が既にあり、将来はそれがどんどん拡大していくことが避けられないであろうことを知りながら、政治家は誰も明確な方針を示そうとしません。
それはそうでしょう。「将来の問題を防ぐために今すぐ年金を減らすぞ」などと言えば、数も多く、暇なので投票率も高い老人たちが猛反発し、選挙に勝てないからです。与党であれ野党であれ、将来のことを（正しく）心配して、そのために次の選挙での落選のリスクを犯す政治家など、どこにもいないのは当然です。

シニア世代が未来のためにできる三つのこと

では、どうすれば良いか？

もしあなたが、私自身のように、「冥土の土産に、ここは一丁『良い高齢者』になってやろう」という、殊勝な思いつきに仮に行き着いたとしたら、できることが二つあります。

一つは、あらゆる機会を捉えて、周囲にいる政治家に対して、「将来の年金制度の破綻を防ぐために、今すぐできることを公約にしろ」と迫ること。

そしてもう一つは、一念発起して自らが「働く」ことです。

65歳が「生産年齢人口」と「高齢者」の境界線であるなどという「何の根拠もない基準」を無視して、働けるまで働き、「保険料を払う人」と「それで面倒を見てもらう人」の比率が少しでも改善されるように貢献することです。

あ、もう一つありました。それは無駄な医療費をかけないことです。

高齢者があまり深く考えることもなく使いまくっている「医療費」も、現在働いている世代に重くのしかかっている「不公正な負担」の大きな要因の一つだからです。医療のことになると、ほとんどの人が素人で、よくわかっているのはお医者さんだけ。

しかし、そのお医者さんたちは、「日本医師会」のメンバーであり、この組織は「医は算術」のエキスパートたちが仕切っていて、政治家や官僚に対する大きな影響力を持っていますから、医療に関係する制度や政策が、民主主義の根幹である「最大多数の最大幸福」に合致したものになっているかといえば、残念ながらその保証は全くありません。

「社会保障費」が現在の日本の年間総予算に占める比率は34％であり、これは諸外国と比してもあまり変わりませんが、その内訳を見ると、ずいぶん大きな違いがあります。日本の場合は、「高齢者と遺族に対する支払い（年金など）」が51・2％と圧倒的に多く、これに「保健関係（医療保険と公衆衛生）の支払い」が、33・7％と極めて高い比率で続いています。

この割を食って、諸外国に比べて極めて低率なのが「（子育て支援を含む）家庭関係の支払い」の7・0％や、「障害者などへの支払い」の4・7％です。*3

日本が世界に比しても傑出している健康保険の受益者は、建前の上では年齢には関係はありませんが、高齢者は罹患率が高いことは厳然たる事実ですし、「診療所が老人たちの溜まり場になっている」と言われるように、忙しくて診察にも行けない働き盛り世代に比べ、暇を持て余している高齢者には、必要以上に診察や投薬を受ける傾向があることも否めません。

「良い高齢者」は、まずはこういう陰口を叩かれないように、自らの身を処するべきでしょう。

「悠々自適」からは希望は生まれない

いきなりずいぶん厳しいことを言ってしまったので、「一生涯働き続けろと言うの？そんな夢も希望もないことは言うなよ」と反発される方も多いかもしれません。しかし、私が敢えてこういう話をこの本の冒頭に入れたのには、それなりの理由があります。

「夢や希望」といったものが、「悠々自適」の生活から生まれてくるのは稀で、むしろ「働く」ことから生まれることの方が多いように、私には思えるからです。

人間は「自分の成長はもう止まったな（あとは衰えていくだけ）」と思った時には、がっかりするのが普通です。しかし、身体的には、どこかで成長が止まるのは当然だとしても、精神的には、年齢にはあまり関係なく、いつまでも成長を続けることは可能なのです。

自分が一から始めた京セラを、日本を代表する大企業へと育て上げ、晩年になっても働き続けて、日本航空（ＪＡＬ）の再生を成功させた稲盛和夫《いなもりかずお》さんは、「仕事が（仕事だけが）人間を成長させる」といった趣旨の言葉を残しています。

そうは言っても、もし私がフランス人で、フランス人に読んでもらうためにこの本を書いているのなら、さすがにこんな書き始めにはしなかったでしょう。

こんなことから書き始めたら、大抵のフランス人からは、私は「人生の価値もわからない、レベルの低いお説教屋さん」と見なされて、本を読んでもらえる前に、罵声を浴びせられるのがおちだからです。

現実にフランスでは、マクロン大統領が年金の支払い年齢を少しだけ上げようとしただけで、国中で反対デモが多発して、大騒ぎになりました。

フランス人（いや、世界中のほとんどの人たちと言っても良いかもしれませんが）にとっては、「バカンス」や「引退（とそれを支えてくれる年金の支払い開始）」は、人生で最も大切なイベントであり、天から与えられた権利なのです。これが少しでも侵されることは、彼らとしては断じて容認できません。

これに対して日本人は、「定年後も働きたい」と言っている人がほとんどなのです。[*4]

このことを聞いて「日本人は遅れている」とか「権利意識に目覚めていない」とか「人生の楽しみ方を知らないつまらない奴らだ」とか思う人は、間違っていると私は思います。

「定年になったからには、もう働かないのが当たり前だ」と言う人は、「学生の本分は勉強することだから、アルバイトなどで時間を使うのはけしからん」と言っているのと同じです。

アルバイトによって学生たちは、「小遣い銭を稼いでその分だけ楽しみを増やす」というメリット以外に「経験や人々との交流の幅を広げる」というメリットも得ます。これによって、それぞれの人生が、それだけ豊かなものになるのです。

「働く＝苦痛」の価値転換

そもそも「働く」ということは、そんなに嫌なことでしょうか？

人間の毎日の「可処分時間」は、「働く」「学ぶ」「遊ぶ」「運動（遊びに近いこともあるが、ひたすら苦痛に耐えるのを厭《いと》わないこともある）」「趣味としての様々な行動（しばしば働いているのと近い状態にもなる）」「毎日の必要なこと（食事、トイレ、洗面、入浴、等）」「家族や知人との取り止めもない会話」「休息（ぼんやりしている）」「睡眠」等に分割して使われており、そのそれぞれは複雑に絡まっています（いや、この区分は不十分で、「恋愛」や「飲酒」や「賭博」なども入れるべきという人もいるでしょうが、そうなると話が際限もなく拡散していくので、今回はその辺はまとめて「遊び」の範疇《はんちゅう》に入れておくことにします）。

人間というものは、「鬱《うつ》」状態になると、休息や睡眠以外はどれも面倒くさくなり、ひたすらぼんやりしていたくなるようですが、そうでなければ、「意欲を持ってやる」のか、あるいは「仕方なくやる」のかは別として、とにかく色々なことをやろうとするのです。

「学ぶ」は、「意欲を持って」と「仕方なく」が明確に分かれますが、「働く」も似たようなものです。

創造的なソフトウェアを作っている人など、仕事にかかる時には「やれやれ、今日もまた仕事かァ」と少しうんざりした気持ちで始めますが、やっているうちに夢中になり、夜になってもやめられず、ついに徹夜するというようなことがしばしばあるようです。

「営業」だって、ゲームと同じようなところがあり、成果を競っている時には夢中になるし、上手く行った時の快感は忘れられません。

いずれにせよ、「働く」ことを「苦痛」と決めつけるのは明らかに間違っていると思います。

欧州諸国では、産業革命以来、「資本家が労働者を搾取する」という固定観念があり、これに加えて、一部のエリートが「地位を保証されたテクノクラート（特権官僚）」となって政治や企業経営を掌《つかさど》り、それ以外の人間は黙々とそれに従うということもあったのですから、「働くことがイコール苦痛」と思ってしまうに至ったのも、やむを得なかったのかもしれません（近年ようやく廃止されたフランスのＥＮＡ（国立行政学院）はその典型で、ここの卒業生は、特権官僚として国の重要な政策のほとんど全てを決めていた上に、長年にわたり国営企業のトップに天下っていました）。

まして謂《い》わんや、皇帝を取り巻く少数の貴族が圧倒的な数の農奴を牛馬の如く使っていたロシアでは、革命が起こるのも「必然」だったでしょう。

勤勉はいつか誇りになる

しかし、日本の場合はかなり違いました。海に守られて異民族の支配を受けなかった日本では、農民や職人は、真面目に働いている限り、無闇に殺されたり奴隷にされたりすることはあまりありませんでした。

江戸時代以降は、平和で分権的な封建制度で、自作農と下級武士の差はそれほど大きくなく、江戸や京・大阪のような大都市では、高度な町人文化も育ちました。そして、それが、明治維新以後の急激な変革に繋がったという歴史的背景があります。

つまり、その中で培われた日本人の勤勉さは、無知がもたらしたものではなく、それなりの歴史的な重みを持ったものだと言えるでしょう。

「勤勉」といえば、欧州では、ローマ法王が支配していたカトリックに反旗を翻したプロテスタントが掲げた「美徳」の一つでもありました。プロテスタントは、信仰に妥協を許さず、極めて厳しい自己犠牲を求めましたが、実生活でもそれは同様でした。それが、結果として、産業・経済の発展にも大きな成果を上げたようです。

「勤勉」は、必然的に「他人に頼らない精神」を求め、万事に「自助努力」を促したので、経済活動ではそれがプラスに働いたのは言わば当然ですが、それが、生きる上での「誇り」や「満足感」にも繋がっていったことは、注目されて然るべきです。

ことほど左様に、「働く」という言葉を、一つの価値観に基づいて画一的に規定してしまうことは、極力避けるべきだと思います。

考えてみれば、「働く」とか「労働」という言葉は、捉えどころのない言葉ですが、「遊ぶ」という言葉も、同様に全く捉えどころがありません。この両者に共通なのは、「休息」とか「無為」とかいう言葉の対極にあるということです。

子供は一時もじっとしておらず、いつも走り回っています。これは普通、「遊んでいる」とみなされますが、大人たちの「遊び」とはずいぶん違っていて、どうやら「本能のなせる業」のように思えます。

途上国の貧しい子供たちは、しょっちゅう大人たちの手伝いをさせられていますが、そこで身体を酷使させられることを、そんなに苦痛に感じているようには見受けられません。

一方、老人たちはといえば、子供たちの正反対で、とにかく動くのが億劫《おっくう》のようです。これは身体中の細胞がすでに若い頃とは異なった状態になっていて、少しでも動くと、

「疲労」という明らかな「苦痛」を、すぐに伴ってしまうからでしょう。

ですから、歳をとると、「働く」のが億劫になるだけでなく、「遊ぶ」のも億劫になるようです。

これに対して、「学ぶ」がさして苦痛ではないのは、「学ぶ」は「身体」の動きをあまり求めず、必要なのは「頭脳」だけだからでしょう。「頭脳」は「身体」に比べ、使うのをやめてしまいさえしなければ、年齢による衰えは比較的緩やかなようです。

「人生の新しい楽しみ方」を見つけよう

この章で私が言いたいのは、要するに、周りの状況が良ければ、「悠々自適」は高齢者にとって確かに理想的な境地かもしれないが、今の状況は、とてもそれを楽しめる状況ではないということです。楽しめなければ、それは「理想的な境地」にはなり得ません。

そして、私は、「現在の状況下で高齢者が『無為』を決め込んでいれば、それはとりも直さず、孫たちの世代に対して、とんでもない罪悪を犯していることを意味するのではないか」と、警告しています。

人はそれぞれですから、「要らぬお節介」と反発する人も多いだろうということは、当然覚悟の上ですが、それでも私は、あえて、「働くことによって、少しでもその罪悪感から自由になろう」と訴えているのです。

しかし、誤解してほしくないのは、私はここで、「皆さん、孫たちの世代のために、苦痛を耐え忍びましょう」と訴えているわけではないということです。「苦痛とならない働き方」は必ずあるので、それを見つけ出しましょうと、訴えているのです。

いや、場合によっては、「働くこと」は、苦痛でないどころか、今までには想像もしなかったような「人生の新しい楽しみ方」を、発見することですらあるかもしれないのです。

私自身は、独立する前の34年間のサラリーマン生活は、昔から自由な気風のあった伊藤忠商事で送りましたし、その間もずっと「やりたい放題」をしてきた感がありますから、典型的な日本のサラリーマンがどんなものであるかについて、あまり良くわかっていないのかもしれません。

いつでしたか、テレビで大銀行を舞台にした『半沢直樹』というドラマを見たので、知り合いの銀行員に、「あれはいくら何でもちょっと極端だよね。せっかく筋書きは面白いのだから、もう少し現実に近いドラマにすればよかったのに」と言ったら、この人が真面目な顔をして、「いや、かなり現実に近いですよ」と言ったので、腰が抜けるほど驚いた記憶があります。

もしそうなら、日本の会社でサラリーマンとして「働く」ことが、かなり苦痛なのは事実なのでしょう。

しかし、その「苦痛」は、「仕事」そのものから来るのではなく、「組織体制」とか「人事制度」とか「職場の人間関係」とかいったものから来るのではないかと思います。

となると、「定年」というものは、サラリーマンにとってはそんなに悪いものでもなく、むしろ「福音」なのかもしれません。

会社の中でのそれまでの様々なしがらみから、とにかく一旦は自由になるのですから。

人事評価や出世は本質ではない

私自身は、昔から今に至るまでずっと、「世の中には『やるべき仕事』と『それをやる個々の人間』の二つしか重要なものはない」と確信して、毎日を過ごしてきました。「会社」とか「組織」とか、「役職」とか「権限」とか、「上司」とか「部下」とか、「予算」とか「決算」とか、「業績評価」とか「人事評価」とか、「昇進」とか「左遷」とか、「社内規定」とか「企業文化」とかは、全て、その周辺にある「本質ではないもの」だと思ってきました。

そういうものが「役に立つ」ことは多いし、「役に立たせていかなければならない」とは思ってきましたが、「やるべき仕事」と「それをやる自分」の前には、そのどれもが、かすんだ存在でしかなかったのです。

「会社がうまく自分を使おうとする」のは当然だが、「自分が会社をうまく使おうとする」のもこれまた当然だと、嘯《うそぶ》くような気持ちが、私には常にありました。

私が大学を卒業して伊藤忠商事に入社した頃は、就職は学生側の売り手市場だったので、入社はあっさりと決まりました。

しかし、「入社までに何かやっておくべきことがありますか?」と人事部の人に聞いたら、「ソロバンだけは一応出来るようにしておいてください」と言われたので、さすがに少し「あれれ」と思いました。

しかし、私はちゃんと真面目にその言葉を受け取り、下宿の近くのソロバン塾に小学生と一緒に通いました。それは「会社の言うことには何でも従う良い組織人になろう」などという殊勝な気持ちからではなく、「ソロバンができないために仕事ができないとみなされたら大変だ」と思ったからです。

その頃の私は、「会社の仕事とはどういうものか」などということは全くわかっていませんでしたが、「会社に入ったからには、あいつは仕事はよくできるなと思われたい」とは強く思っていました。

そう思われていたら、会社から理不尽なことを言われた時に、少しぐらい楯突いても、「あいつはよくできるからクビにするのは惜しい」と思ってもらえるだろうと考えたからです。そして、私は、実際によく仕事をしました。

あまり文句は言わず、何にでも前向きに取り組み、旧態依然だった帳票システムやファイリングシステムを一新するなど、創意工夫も怠らなかったので、短時日のうちに、「あいつはよくできる」という評判を得ることには成功しました。

そうなると不思議なもので、仕事はキツくて、日曜出勤などがザラにあっても、それを苦痛に思うことはほとんどなく、創意工夫がうまくいった時などには、素直に快感を覚えました。

仕事の快感は忘れることができない

驚くべきことに、その頃の感覚というものは、60年以上を経た今になっても、私の身体の中になお残っています。84歳になってもなお働いていて、それを苦痛とはほとんど感じていないのは、おそらくそれ故なのではないだろうかとも、密かに思っています。

人間の一生には、「苦」もあれば「楽」もあり、その二つが縄のように絡み合っているのは、おそらく避けることのできない現実なのでしょう。できるだけ「苦」が少なくなり、「楽」が多くなるように、日々努力しているのも、人間としては当然のことでしょう。

しかし何が「苦」であり、何が「楽」であるかは、意外にも、なかなか割り切れないものです。

「楽」を求めるためには、一見「苦」と思われるものの中に思い切って飛び込んでみることも、時には必要なのではないでしょうか？

＊1　内閣府「選択する未来――人口推計から見えてくる未来像」平成26（２０１４）年11月
＊2　内閣府経済社会総合研究所　鈴木亘、増島稔、白石浩介、森重彰浩（ESRI Discussion Paper Series No.281）「社会保障を通じた世代別の受益と負担」２０１２年
＊3　国立社会保障・人口問題研究所「社会保障費用統計」平成29（２０１７）年度
＊4　明治安田生活福祉研究所「50代・60代の働き方に関する意識と実態」２０１８年

参考文献

橘木俊詔『日本の構造――50の統計データで読む国のかたち』（講談社現代新書）

第2章　老害と老益の分かれ道

年配者は職場で嫌がられる？

前の章で私は、私自身の世代を含む「65歳を超えた高齢者」の方々に対し、一言で言えば、「悠々自適なんて甘ったるいことを言っていないで、もっと働き続けましょうよ（それはそんなに嫌なことではないはずですよ）」ということを申し上げました。

これに対しては、「そうかな？ 我々にその気があっても、年寄りは引っ込んでいてほしいと思っている若い連中は、結構多いよ」という反論が、すぐに出てきそうな気がします。

そうです。現実に「あれは、明らかに老害だよね」といったような「悪口」が、頻繁に囁《ささや》かれるのも事実ですし、一般的に言って、年寄りが出しゃばるのはあまり喜ばれません。

私自身も、他の高齢者の言動を見ていて、「あ、これは嫌がられるだろうな」と感じることがしばしばありますし、「なるほど、これはまさしく『老害』だな」と思うケースも枚挙にいとまがありません。

もちろん、ネット民の中には、相手が年寄りだというだけで、反射的に「老害」呼ばわりして罵倒する心得違いも多く、私自身も時折その被害に遭って、ムカッとして言い返すこともないではありませんが、「老害」という言葉が適切に使われているケースの方が、やはり多いのは事実のようです。

ですから、全ての高齢者は、まずは「老害」というものの実態について知り、自らはその過ちを犯さないように努力することから始めるべきでしょう。

老害三原則

私は、自分自身を戒める目的も兼ねて、以下を「老害三原則」と名付けています。

1）自慢話をくどくどと繰り返し、意味もなく威張り、時には威圧的な態度を取る（結果として、職場の雰囲気が大きく害される）。

2）自分自身の過去の成功体験にこだわり、これに合致しないやり方を初めから否定する（結果として、革新的なやり方が受け入れられない、活力のない職場になってしまう）。

3)「システム的なアプローチ」とか「デジタル化」とか言った、自分の苦手とするやり方を忌避し、場合によっては敵視さえする（結果として旧態依然たる体制が続き、生産性の向上が進まない）。

これらの「老害」の多くは、外から見ていると極めてわかり易いので、排除することも簡単なように思えるのですが、日本の企業の多くでは、こういう傾向の顕著な人たちが結構権力の座に居座っているケースが多いので、そう簡単には排除できないようです。

そして、それ以上に問題なのは、人間には持って生まれた残念な特質があるということです。

一言で言えば「悪慣習を温存する力学」と言っても良いもので、具体的には、「どんなにひどい被害を受けた者でも、一旦自分自身が加害者の立場になると、なぜか被害者への同情はすっかり失われてしまい、加害者のメリットをフルに享受しようとする傾向がある」ということです。

学校の運動部などの閉鎖社会の中でしばしば行われる「新入部員に対するシゴキ」な

どがその典型ですが、このような悪癖は代々受け継がれる傾向にあります。

この問題を抜本的に解消するためには、企業の場合は、組織構造や人事制度を抜本的に変える必要がありますが、それについて論じるのはこの本の趣旨ではないので、ここではそれには深入りしないことにします。

この本では、むしろ、「世の中に満ち溢れている『老害』の実態は、反面教師として有難い存在」と受け止め、そこから「高齢者のあるべき姿」を模索していきたいと思います。

わかり易い反面教師がいるということは、自分がそうならないために、極めて有利な環境だと言えるからです。

新しい環境の中に飛び込んで、その中で「周囲の多くの人たちに好意を持ってもらうためにはどうすればよいか」を考えるのは、実際にはなかなか大変ですが、「ああはなりたくないな」とか「ああなってはいけないんだよな」というイメージが、もし自分の頭の中にあらかじめ存在していれば、それは極めて有効な第一歩になります。

その意味で、私の「老害三原則」は、何らかの役に立つかもしれません。

「偉い人」症候群

定年退職する以前に勤めていた会社の中で、結構高い地位にいた人が、退職後も新天地で働き続けたいと考えることは、今後は次第に多くなっていくでしょうし、是非ともそうあって欲しいと私は願っています。

しかし、そこには「思わぬ落とし穴」も、数多く待ち構えているように思います。

私の見るところ、日本企業では、「役割に見合った能力を持っているかどうかが全て」の外国企業と異なり、「『偉い人』という不思議な役割を持った人たち」の存在が、かなり顕著なようです。

ある程度頭の良いサラリーマンが、社内外でうまく立ち回って一定の地位に就くと、この人たちは「偉い人」(「お偉いさん」と呼ばれることもあります)になります。

こういう立場になると、「創造的な仕事」や「実際に手を汚す仕事」からは、(「そんなことは下にやらせろ」と言われて)なぜか嫌でも切り離されてしまい、実際に仕事をしている人たちと上層部のつなぎ役をやったり、俯瞰《ふかん》的な報告書を要領よくまとめたり、形式的な「ご挨拶」を色々な場所で日常的にこなしたり、日本特有の「中抜き」の多層構造の調整役になったり、面倒が生じるとその辻褄《つじつま》合わせに奔走したり、といったようなことばかりが、毎日の主要な仕事になります（有能な人の場合は、どうすれば上司が点数を稼げるかを必死で考えて、それを頻繁に上司に提案するのが最大の仕事になることも多いでしょう）。

しかし、そんな仕事ばかりを長い間やっていると、知らないうちに、「自分だけでは（有能な部下がいなければ）新しい仕事は何もできない」人間になり下がってしまうのです。

もしこの本の読者の皆さんの中に、かつて「偉い人」だった人がいれば、是非とも「あれは悪い夢だったのだ」と思って、その頃のことは全て忘れ去り、全く異なった仕事に飛び込んでみることをお勧めします。

なぜなら、かつて「偉い人」だった人は、下手をすると、私の言う「悪い高齢者」になってしまう可能性が高いからです（それだけは何としても避けたいですよね）。

職種に貴賤《きせん》はありません。収入の多寡にさえこだわらなければ、こういう人たちも、これまでとは全く異なった世界に飛び込み、そこで新しく手掛けた仕事が「意外に新鮮で面白い」ことに気がついて、それまでには思ってもみなかったような「新しい生きがい」を、もしかしたら感じることになるかもしれないのです。

このような仕事は、過去の職場だと「そんなことは下にやらせておけ」と言われていた類の仕事だったかもしれませんが、実際にそれに打ち込んでみると、本気でやらねばとてもやり遂げられないような相当に難しい仕事であり、「こういうことこそが実は一番大切なことだったのだ」と、あらためて思い知らされることもあるでしょう。

さて、「偉い人」とは、多くの場合、ある程度の予算を割り当てる「権限」を持っているか、あるいはそれを持った人の身近にいる人たちですから、周りの人たちや配下の人たちがいつも気を遣ってチヤホヤするのは当然です。

ところが、残念ながら、人間というものは弱いもので、しばらくの間こういう扱いを受けていると、知らぬ間に自分の「権力」が「誰かから時間限定で与えられた『かりそめのもの』である」ということを忘れてしまい、あたかも自分自身の「能力」であるかのように思い込んでしまうのです。

ですから、「定年」や「人事異動」で「組織が与えてくれていた役割」を失うと、後には、「実は何の能力も持っていなかった」自分だけが一人残されたことに初めて気づき、呆然《ぼうぜん》としてしまうのです。

先に私が「老害三原則」の第一番目に挙げた「自慢話を長々と繰り返し、威張り散らす人」は、このような哀れな人の典型で、良い子は、いや良い大人は、決して真似をしてはなりません。

これに対して、本当に「能力」を持った人は、「仕事の目的」から全ての発想が始まる人で、「権力」や「資金」は全てそのための手段と考えています。

こういう人たちは、現役時代から、「どう動けば、権力や資金を持った人たちから、それをうまく貰い受け、自分の目的を達成するために使えるか」をいつも必死で考え続けてきています。

だからこそ、組織の外に出ても、一向に困ることはないのです。

成功体験の罠

私の「老害三原則」の第二項目は「成功体験へのこだわり」ですが、これは結構深刻な問題です。これは、前項で述べた、一部の選ばれた「偉い人」だけにあてはまるものではなく、ごく平凡に仕事人生を生きてきた普通の人たちにも当てはまるものです。

この本を読んで頂いている方の平均的な大多数は、「オレ、自慢じゃあないけど、『偉い人』になんかなったことはないよ」と心の中で思い、前項に書かれていることに対しては冷ややかな思いを持たれたかもしれませんが、こちらの方は万人に深く考えて頂かなければならないことです。

人間は弱いもので、失敗したことにはついては、どうしても「早く忘れてしまいたい」という心理が働き、「失敗にこそ学ばなければ」という余程強い意志がないと、実際にすぐ忘れてしまいます。

逆に成功したことについては、ついつい自慢話をしたくなってしまい、自慢話をしているうちに、ますますその快感が膨らんでしまいます。挙げ句の果ては、「またあの話か」と、周囲から密かにうんざりされる、残念な人になってしまうのです。

しかし、それで済むのなら、まああまり害はありませんが、本当に有害なのは、その成功体験とは異なるアプローチを、初めから否定してしまうケースが、こういう人にはままあることです。

時代はどんどん変わっていき、過去には通用したやり方が全く通用しなくなってしまっていることはしょっちゅうあるのに、これに気づかずに、過去の成功体験にこだわり続ける人が、枢要なポジションに居続ければ、これは大問題です。

「やっちゃあいられないよ」と考える人が続出し、組織はやがて壊滅してしまいます。

失敗経験をどんどん語ろう

『偉人・敗北からの教訓』というテレビ番組があり、その冒頭には「偶然の勝利はあれども、敗北は全て必然」という言葉が毎回語られていますが、これは実に至言です。

「失敗（敗北）」には必ず理由があり、これを毎回噛み締めていれば、その人の判断力にはどんどん磨きがかかっていくのですが、実際にはそういう人はあまりいません。

逆に「成功」には、「単に運が良かっただけ」というケースが現実には結構多いのに、このことを「不滅の教科書」にしてしまう人も結構います。これを悲劇と呼ばずして、何と呼べば良いのでしょうか？

それ以前に、仕事をしている上で、何をもって「成功」というのかが、まず問われる必要があります。

商品開発の場合は、結果としてよく売れた商品は「成功」、あまり売れなかった商品は「失敗」で、これはかなりはっきりしています。しかし、企業やその一部門の業績について、それを見極めるのはそんなに簡単ではありません。業績はその時々の環境によって大いに左右されます。

「あんな環境では（あるいは、あのような予測不能の災厄に見舞われたのだから）、あの程度の業績不振は仕方なかったよね」と思ってもらえるケースもあるでしょうし、逆に、「あんなに良い環境に恵まれていたのに、なぜもっと攻め続け、圧倒的な勝利を収めなかったのか」と批判されて然るべきケースもあるでしょう。

「成功」は、そのくらい評価の難しいものなのです。

高齢者が働き盛りの若い人たちと一緒に仕事をするとき、その強みは何といっても「経験」です。「仕事」のやり方については、様々な理論はあっても、実際の経験から得たものに勝るものはありません。

しかし、だからこそ、自らの経験に対する自己評価は、決して間違えてはならないのです。

自らの経験について語る時には、その内容を何度も反芻《はんすう》してから語るべきだし、成功より失敗の方に比重をおいて語るべきでしょう。

人は「成功」よりも「失敗」の方から、はるかに多くのことを学びます。

ですから、最近は若い起業家たちに対して、「失敗を恐れるな。もっと失敗して、そこからもっと学べ」というエールが送られることもしばしばあります。これは、長らくサラリーマン生活を送り、その中で固定された価値観にどっぷり浸かってしまってきた人たちにとっては、驚くべきことかもしれませんが、今の世の中は、ごく普通に、そういう方向へと着実に向かいつつあるのです。

ですから、あなたも、これからは、過去の自分を語る時には、「成功」よりも「失敗」の方を数多く語った方が、きっとより多くの好感を得ることができると思います。

ちなみに、失敗について語ることは、謙虚になることへの第一歩でもあります。色々な人に対して、繰り返して自分の失敗体験について語っていれば、自分自身がその体験を忘れてしまうことも防げますから、いやでも謙虚にならざるを得なくなるからです。

そして、謙虚であれば、間違っても「無意味に威張り散らす」といったような無様なこととは無縁になれるのです。

「スピード」こそが、全てを分ける鍵

歳をとると、全ての動作が緩慢になり、特に一つの体勢から次の体勢に移るのがとても苦痛になります。身体を形成する細胞の老朽化と、それがもたらす瞬発力の喪失が、この主たる原因ですから、これはどうしようもありません。

しかし、それが精神にも影響を与えるようになると、若い働き盛りの人たちと一緒に仕事をする時には、これが致命傷になります。

決断と行動が遅いと、周りの人たちのリズムを崩し、それが続けば、周りの人たちから「あの人、何となくウザいんだよなァ」と忌避される結果を招くでしょう。しかし、これは何も高齢者に限った問題ではありません。

年齢に関係なく、決断と行動の遅い人はどこにでもいます。

そして、日本では、これが組織全体に及んでいることが多く、そのために、諸外国から呆れられ、馬鹿にされることもしばしばなのです。

「この体質を抜本的に変えない限り、日本の没落はもはや避けられない」と、私は常日頃から考えており、事ある毎にそのことを口にもしていますが、ここでも、敢えてそのことを、再度強調したいと思います。

これからまた若い人たちと一緒に、これまでとは異なった環境で働こうとしている高齢者がもしいるとすれば、その人たちには、そのことを特に強くアドバイスしたいと思っています。

私のアドバイスは、具体的には、「とにかく全ての決定と行動のスピードを、今まで慣れ親しんできたペースから一桁上げるように努力しましょう」ということに尽きます。

結果として、もしそれが、周囲の人の目から見ても「早すぎる」という結果を招いたとしても、ちょっと驚かれるだけで、大きな害はないでしょう。

高齢者と呼ばれる歳になった人たちは、普通にやっていれば「遅すぎる」と思われる可能性の方がはるかに多いと思うので、とにかくやってみる価値はあるはずです。


「仕事」というものは種々様々ですから、わざと決定と行動のスピードを遅らせた方が良いという種類の仕事もあります。その典型は「購買」です。

売る側は、とにかく買い手に迷う暇を与えず、一刻も早く契約に持ち込もうとあの手この手を使ってきますが、買い手は最後まで多くのオプションをキープして、なかなか決定しない方が交渉を有利に進められるのが普通です。

ぬらりくらりで時間を稼いでいれば、売り手は次第に焦ってきて、当初は考えていなかったような、相当大きな譲歩に踏み切る可能性もあるからです（買い手の側だって、いつまでも決定しないで済むわけはありませんから、やり手の売り手なら、そこを見抜いて、わざと断念した素振りを見せたりして揺さぶりをかけますが、一般論としては、こういう形になるのが普通なのです)。

しかし、ビジネス全般についていうなら、決定と行動のスピードは速ければ速いほど良いと、肝に銘じておいた方が良いでしょう。

時間がかかれば、それだけ「成果を出せる時期が遅れる」、つまり「利益が減少する」というだけでなく、「機会を逸する(競争相手に機会を奪われる)」という致命的な失策につながる可能性があるからです。

「とりあえず一呼吸置く」をやめる

にもかかわらず、なぜ日本企業は諸外国から呆れられるほどに決定が遅いのでしょうか?

私の見るところ、それは日本企業に特有の、「救い難い完璧主義」にあるように思えます。「完璧主義」というと聞こえがいいですが、言い換えれば、それは「責任回避」と同義語です。

ゼロから出発してなりふり構わず成長を求めた高度成長時代と異なり、ここ30余年の日本では、「どうすれば失態をおかさず、誰からも責任を追及されないか」ということばかりが、いつも真っ先に考えられているかのようです。

いつの間に日本はこんな国になってしまったのかと、慨嘆してみてもあまり意味はありません。昭和後期の高度成長時代に多くの日本人が到達した生活水準は、そんなに悪いものではなく、人々のハングリー精神はもはや失われたのだと思います。ですから、今は、現在の生活水準を守るのに汲々《きゅうきゅう》としているに過ぎないのでしょう。

この過程の中で確立した日本型の経営組織の中で、「役職社員」という地位を得た人たち（つまり多くの決定権を手中にした人たち）は、危険を冒すことなくその地位を守り、その地位が自動的に約束してくれる「その次のやや上位の地位」を心待ちにしているかのようです。この人たちにとっては、スピードよりも安全の方がはるかに重要なのは、当然のことなのかもしれません。

ですから、この人たちがその致命的な問題点に気づく前に、この人たちに「決定と行動のスピードアップ」を期待するのは、もともと無理なのだと思います。

しかし、そういう人たち（それはこの本を読んで下さっているあなた自身かもしれません）が、少しだけ視野を広げて、周りを見て頂ければ、「諸外国並みのスピードで決定し行動せねば成り立たない」仕事もそこここに増えているのに気がつくでしょう。

ですから、あなたが今携わっていることは、そういう仕事かもしれないということをまずは考えておいた方が良いでしょう。この点を意識し対応するのは、そんなに難しいことではありません。

「とりあえず一呼吸おく」という、これまでに身に染み付いた無意味な悪癖を、とりあえず綺麗さっぱりと捨て去るだけで良いのです。

これまでなら、「この議論の続きは来月の会議で」と言ってきていたのを、「今日は残念ながら結論が出なかったので、続きの議論は明日。それが無理なら明後日。それも無理なら一週間後に臨時会議を開いて」と言い換えるだけで、全ては見違えるように良くなるはずです。

あなたが「スピード」の重要性に目覚めて、何事も「早く、早く」と心がける姿勢を示せば、少なくともあなたは「ウザい年寄り」と陰口を叩かれることはないでしょう。

あなたより若い人たちの体内クロックは、言い換えれば、彼らの生活と仕事のリズムは、概《おおむ》ねあなたより早いテンポを刻んでいるのが普通ですから、その程度がちょうど良いのです。

「老害」があるのなら、「老益」もあるはず

高齢者には「体力がない（疲れやすい）」という弱点もある代わり、「知識・経験が豊富」という長所もあります。

ということは、「老害をもたらす可能性がある」という弱点もある代わりに、「大きな貢献をする」という長所もあるということです。

「老害」という「差別用語」が公然と使われているのですから、「老益」という言葉もあって、それも頻繁に使われて、適切なバランスが保たれて然るべきです。

「高齢者」イコール「老害をもたらす悪い存在」イコール「引っ込んでろ」という、ネット空間にしばしば現れる一方的な言説は、極端に不公正な言説として、糾弾されるべきです。

今となってはもう大昔のことになってしまいましたが、コメディアンの萩本欽一《はぎもときんいち》さん

がテレビ番組のコントで、「良い子、悪い子、普通の子」という言葉を使っていて、この「普通の」という言葉のニュアンスが何ともおかしく、ずいぶん流行りました。

私も例にもれず、この言葉のおかしさに今でも魅せられており、「良い親、悪い親、普通の親」とか「良い上司、悪い上司、普通の上司」とかいう分類を作って、一人で悦に入っています。

先の章では、「何とかして良い高齢者になれないか」と思っている私の心のうちについて語り、この章では、「反面教師である悪い高齢者」について語りました。

私が勝手に「悪い高齢者」と断じているような人は、結構あちこちにいるし、わかりやすいので、これを反面教師として意識することは容易ですから、役にも立つと思ったからです。

しかし、「良い高齢者」のサンプルを探すのは、あまり易しくはありません。大抵の人は「普通の高齢者」のカテゴリーに入るように思います。

趣味を楽しむのも大いに結構

私の見るところでは、「普通の高齢者」は大別すると二つのグループに分かれます。

一つのグループは何か趣味を持っていて、それに熱中している人たちです。

絵を描いたり、写真を撮ったり、俳句を捻《ひね》ったり、楽器を弾いたり、山歩きをしたり、バイクを乗り回して若かった頃を偲《しの》んだり、海外を放浪したり、マラソンなどで体力の限界に挑戦したり、色々なものを蒐集《しゅうしゅう》したりと、対象は様々ですが、定年で会社に時間を縛られることがなくなったのを機に、嬉々として長年封印してきた「やりたかったこと」に打ち込む人は結構数多くいます。

「趣味」という言葉には当てはまらなくても、「トラキチ（阪神ファン）」に代表されるような特定のスポーツチームの熱狂なファンなども、このカテゴリーに入ります。特定の芸能人に熱中する傾向は、若い人たち、特に若い女性に顕著ですが、歳をとるにつれてこの傾向は急速にしぼむようで、スポーツチームに対する入れ込み方とは好対照を示しています。

やはり歳をとると、特定の個人に熱中するのは気恥ずかしくなるのでしょう。その代わり、「伝統」といったような抽象的な概念なら、むしろ誇りを持って熱中できるので、スポーツ関係だけでなく、神事やお祭りなどに異常なまでに入れ込む高齢者も時折見受けられます。

こういう人たちは、全く問題ありません。「普通の高齢者」として、自分も楽しいし、世の中にマイナスになるようなことは何もしないからです。

それどころか、趣味が高じると、人類の歴史に偉大な足跡を残し、「良い高齢者」のお手本になることもあります。

トロイア遺跡の発掘で考古学の世界に名を馳せたハインリッヒ・シュリーマンは、貧窮の中から身を起こし、貿易商として成功を収め、クリミヤ戦争ではロシアに武器を密輸出して巨万の富を築きました。使いきれぬほどの富を得ると、一転してかつてから興味を持っていた古代史の世界にのめり込み、トルコ政府の圧力にも屈せずに各地で忍耐強く発掘を続け、ついにはトロイア遺跡発見の偉業を達成したのでした。

いや、シュリーマンの場合は、「趣味が高じて、歳をとってから考古学者になった」というよりは、「身過ぎ世過ぎのために長年働き続けて得た富のおかげで、元々やりたかった考古学がやっとやれるようになった」と言った方が正確かもしれません。

このような例は、現代の我々の周囲にも、結構数多くあってもおかしくはないと思います。

夢中になれるものが持てないあなたへ

しかし、私がこの本を読んで欲しいと密かに願った人たちは、このグループには属さない人たちです。

こういう人たちは、長い間、他にもっとやりたいことがあったのに、生活の糧を得るために、「嫌で嫌でたまらなかった仕事」を、毎日仕方なくやってきたわけでは決してないと思います。

思い通りにならないことが多かったので、若干の不満は鬱積していたかもしれませんが、やっている仕事を面白いと思ったことも、それに誇りを持ったこともしばしばあり、最低限でも、「まあ、こんなものかな」と思ってきたはずです。

仕事をしないでもよくなったからといって、特に何か他のことに夢中になれるわけでもない、そういう人たちが「普通の高齢者」の大半を占めているのが、今の日本の現実ではないかと、私は思っています。

このような「普通の高齢者」の将来は茫漠《ぼうばく》たるもので、恐らくそれは、本人が思っている以上に長く続き、段々とつまらないものになっていくのではないかと、私は危惧しています。

そして、「つまらない」というのは、一言で言えば、「張り合いがない」とか「生きがいが感じられない」とか「『誇り』というものと無縁になる」ということではないかと思っています。

その点、農業や漁業などに従事している高齢者の方々は、一味違います。この人たちの多くは、概ね元気で、活力もあり、後継者がいないことにがっかりはしながらも、人生の最後に至るまで、「生きがい」と「(仕事に対する)誇り」は、失われることが少ないように見受けられるのです。

「サラリーマンのなれの果て」と自らを自嘲的に見ている都市に住む人たちは、こういう人たちを見てどう感じるのでしょうか？

「最後まであくせくと働かないで済んだ自分はラッキーだったよな」と思っているのでしょうか？　それとも、内心忸怩《じくじ》たるものを感じながら、毎日を漫然と過ごしているのでしょうか？

この本の目的は、余計なお節介と罵られることを覚悟の上で、「良い高齢者」がもたらす「老益」というものを考え、「普通の高齢者」の一部が「良い高齢者」になることを後押しすることです。

「良い高齢者」になれば、「普通の高齢者」よりは楽しく、世の中（特に将来の子供たちや孫たちの世代が過ごす時代の世の中）のためになっているという「誇り」が持てることにも、なるだろうと思うからです。

第3章　定年はサラリーマンの福音かも

好きこそものの上手なれ

この本の第1章でも触れましたが、我々が「働く」のは、必ずしも生活を支えるために嫌々やっているわけではなく、「遊ぶ」の対極にあるわけでもないということです。

多くの人たちにとって、「働く」ことは生活のリズムの一部となっており、そんなに苦痛であるわけでもないし、それがないと生活の中にぽっかり穴が空いたように感じられ、むしろ落ち着かないこともあるようです。

また、「働く」ことによって、自分が日々成長していると感じることも多く、「学ぶ」に近い感覚もあるでしょう（いや、若い人で、座って勉強するのが苦手な人にとっては、「学ぶ（特に試験勉強のようなもの）」は「働く」ことよりはるかに大きな苦痛でしょう）。

また、「働く」ことを、スポーツ競技のように感じている人も、結構多いようです。実際に、この二つの共通点は実に多いのです。

苦痛もあるが楽しみもあること。勝った時の達成感。負けた時の悔しさ。我慢している時の緊張感。上達している時の高揚感。仲間との連携プレイで感じる一体感。チームの一員であることで感じる安心感。指導者に対する信頼感（あるいは失望）。後輩を育てる充足感（あるいは苛立ち）等々。枚挙にいとまがありません。

「働く」こと、「学ぶ」こと、「遊ぶ」こと、「スポーツ競技など」に共通していることがもう一つあります。

それは、「好きこそものの上手なれ」ということです。

それをすることが「好き」であれば楽しめるし、苦痛が少ないので長時間続けられる。そうなるとどんどん習熟していく。習熟すればより効率的に全てが運ぶので、快適感が増し、それがまた習熟度の向上に繋がるという好循環が生まれます。

嫌々やっているとその逆で、いつまで経っても上手くならないので、ますます嫌になるという悪循環が続きます。

なぜ新しい発想は大企業からは生まれにくいのか？

「働く」ことは、「金銭的な収入」に繋がるのが普通なので、その仕事が好きで、それ故にどんどん習熟度が上がっていけば、気がついてみれば「金銭的な収入」も相当多くなり、それが「やりがい」にも繋がります。

商店や飲食店、さまざまなサービス業者などを見ていると、明らかに流行っている店とそうでない店があります。流行っている店は、大体において店主が仕事を楽しんでいるように見受けられ、客との会話にも活気があるし、毎日のように細かいところで色々な工夫が施されているようです。

中には、どんどん店を拡張したり、店の数を増やしたりというところもあり、店主は知らぬ間に街でも有数のお金持ちになっているケースが多いし、中には、仕事の拡大で、気がついてみると名だたる大企業にまで成長していたというケースも珍しくありません。

この傾向は商業において顕著ですが、製造業でも同じであり、農業や漁業、畜産業などの一次産業でも、ある程度は共通の傾向があります。

その点、サラリーマンはどうかと言えば、ある程度の共通点はあっても、状況は相当違います。

仕事の好きな人が、周囲も巻き込んで組織を活性化させ、それが業績の向上につながっているケースももちろんありますが、個人経営の商店やサービス業者、ユニークな分野で存在感を示している中小の製造業者に比べると、あまり目立ちません。それはなぜでしょうか?

そこには、恐らく大規模な組織ならではの何らかの制約があり、それが個人の可能性をある程度押さえつけているからだと私は見ています。

今の時代の方にはピンとこないでしょうが、私の世代がまだ若かった頃には、「無秩序な資本主義」よりも、ソ連や(その頃の)中国のような「共産主義の計画経済」の方が人々を豊かにできると、本気で考えていた人が結構多かったのです。

これは「資本主義と共産主義のどちらが人間にとって公正(フェアー)か」という問題以前に、「どちらの方が経済効率が良いか」という問題だったのですが、当時の私自身を含めた「計画経済優位派」は大きな問題を見落としていたことが、その後段々と明らかになりました。

つまり、人間は、「誰かが方針を決めて自分はそれに従ってノルマ(義務としての労働)をこなすだけ」という状況下では、誰も本気で働きもしないし、工夫も凝らさない(従って良い結果は出せない)という単純な心理を見落としていたのです。

ですから、西独に比べて東独は、韓国に比べて北朝鮮は、経済的には全く遅れてしまいました。このことは「組織的に人を動かす伝統のある大企業」よりも「創業者の信念やアイデアだけで全てが動く新興企業」の方が、しばしばよい業績を出すという「現代の神話」にも、一脈相通じるところがあります。

そして、これは「なぜ新しい発想は大企業からは生まれにくく、ベンチャー企業などの方がより大きなチャンスを掴むのか」という疑問に対する答えでもあります。

定年後には新しい地平が広がっている

長年勤めていて会社を定年になった人は、一度考えてみてはどうでしょうか?「自分がもしあの会社ではなく、自分で始めた会社で働いていたとしたら、何かもっと大きな(社会にも役立つ)仕事ができていたのではないだろうか?」と。

先に答えを言ってしまうと、残念ながら、確率から言えばその可能性は極めて少ないでしょう。世の中はそんなに甘くなく、大組織に守られていなければ、仕事でより良い結果を出せる可能性は相当に低くなるのが現実です。

それでは、問いかけを少し変えてみましょう。

「自分がもしあの会社ではなく、自分で始めた会社で働いていたら、自分の一生はもう少し楽しく、活気に満ちていたのではないか?」

これも人様々で、どちらとも言えないとは思いますが、今その選択肢が突然目の前に現れたとしたら、話は別ではないでしょうか?


「定年を迎えた日本人の過半数以上が、できればまだ働きたいと考えている」という世論調査の結果があるということについては、先にお話ししました。しかし、「それでは、どんな仕事をしたいか」と問われれば、答えはまちまちでしょう。

ある人は「これまでの長年の経験が活かせる仕事が良い」と答えるかもしれませんが、別の人は「全く違う仕事をしてみたい」と答えるかもしれません。

そうです。少なくとも定年後は、「これまでとは全く異なった仕事をする」という新しい選択肢も、目の前に広がっているのです。

考えてみれば、これは素晴らしいことではないでしょうか?

定年後の仕事選びの三原則

「これまでの経験が活かせる仕事」を求める人たちは、「安全志向」の人たちですが、それはそれで決して悪いことではありません。

あなたがあなたの所属した会社で当たり前にやってきたことが、実は別の会社には欠けていたことで、これがその会社の業績改善に大きく役に立つなどということも、十分ありうるからです。しかし、それはあまり「ワクワクする」ことではありません。

これに対して、せっかく定年にしてくれたのだから、これからは「これまでとは全く異なった仕事」をやろうと考えると、それだけでちょっとワクワクするのではないでしょうか?

なぜ「これまでとは異なった仕事」に魅力があるかといえば、大きく分けて次の三つのファクターがあるかと思います。

1) 何事も(働く時間も、仕事の内容も)もっと「自由」に自分で決められる。

2）もっと自分に向いた（自分が得意で、やっていて「楽しい」）仕事を選べる。
3）世の中のために（あるいは次世代のために）なっているという「誇り」が持てる。

私は、これを、「自由」「楽しい」「誇り」の「仕事選びの三原則」と呼んでいます。

それでは、なぜこれまではそういう仕事が選べなかったかといえば、自分の属する「組織」がそれを許さなかったからであり、なぜその「組織」から離れられなかったかといえば、自分が「生活の（経済的な）安定」をまず求めなければならなかったからでしょう。

そうです。「生活の安定」は、多くのサラリーマンが、普通真っ先に考えることです。いや、「生活の安定」という言葉はあまり正確ではなく、「生活の向上」と言った方が良いかもしれません。「安定」なら、ある一定の水準で満足できますが、「向上」となれば、欲求はいつまでも際限もなく広がります。

最近は若い人たちの「結婚願望」がどんどん少なくなっているようですが、その要因の一つには、「家庭を持って子供の養育と教育にお金をかけるぐらいなら、独身である程度のお金が自由気ままに使える方がいい」という考えがあるようです。

2人目の子供を断念する傾向が大きくなっているのも同じ理由によるものでしょう。しかし、そういう基本的な問題は、入り口に過ぎず、実際には「生活の向上」の誘惑は、際限もなく広がっていくようです。

それは、周囲の人たちの贅沢がいやでも目に入り、羨ましく思わざるを得ないからでもあるでしょうし、テレビや映画でそれを見せつけられるからでもあるでしょう。会社の中では、自分と同期の仲間が、あれよあれよという間に偉くなり、自分の地位は一向に上がらないとなると、癪《しゃく》にもさわるし、少し惨めな気持ちにもなるでしょう。

そうなると、「自分ももう少しは上に上がれるはずだし、そうなりたい」という思いを持つのも当然です。

そして、そう考え始めると、とりあえずは、何よりも「うまく立ち回る」ことを第一に考えざるを得ないし、特に大きな機会に恵まれそうになければ、まずは「安全第一」で行くしかなくなってしまいます。

人生の最後のチャンスを見逃さない

しかし、定年間近の年齢に達すると、どうでしょうか？

長年自分を苛めてきたこの「生活の向上」の呪縛は、既に消えてしまっているのが普通です。もはや「ゲームオーバー」で、多くを求めるのは不可能だし、そんな気もとっくに失せてしまっているからです。

子供たちも概ね独立しており、もはや負担ではありません。家のローンも何とか完済していています。これからの親の介護のための負担が、少し心配ではあっても、「責任感の重圧」がのしかかってくるほどではありません。

これが、定年直近の年齢に達した人たちの平均的な状況だと思いますが、よく考えてみると、これって、かなり凄いことではないでしょうか？

大袈裟《おおげさ》にいえば、牢獄《ろうごく》から解き放たれて、自由な未来に向けて深呼吸をしているようなものだと、言えないこともありません。

それならば、少しぐらい「冒険」をしてみても良いのではないでしょうか？

「自由」も「冒険」も必ず「不安」を伴うものであり、決して気楽なものではありませんが、それでも、それまでに長い間感じてきたような「責任感の重圧」に比べれば、何ということはありません。

失敗しても失うものはそんなに大きくはありません。良くも悪くも、人生の最後が少しだけ波乱に満ちた（面白い）ものになるか、平凡で詰まらないままで終わってしまうかだけの違いです。

何が「冒険」なのか、何が「面白い」のかといえば、そこには「未知のものとの遭遇」があるからです。

これまでには言葉を交わすこともなかった人たちとの出会いもあるでしょうし、全く異なった「考え方」や「やり方」を知って、驚きながらも「なるほど」と納得することもあるでしょう。

こういう新しい体験の中で、これまでは気がつかなかった「自分」の別の側面に気がついたり、新しい「価値観」に目覚めたりすることもあるかもしれません。

人生の最後にこういうことがあるかもしれないと思えば、そのチャンスを見逃す手はないでしょう。

権力にこだわらず「脇役」として働く楽しみ

定年のおかげでこれまでの仕事に一区切りがついて、新しい仕事に挑戦することの利点は色々ありますが、まずは収入にあまりこだわらないで済むということでしょう。

それまでは、収入が減ると自分の何かが否定されたように感じて、がっかりしていたかもしれませんが、定年後は、ゼロだったかもしれない収入が多少はあるだけでも、少し嬉しく感じるでしょう。

その収入がかなりの額になれば、時折はこれまでは諦めていたような、ちょっとした贅沢を楽しむこともできるようになり、それが日本経済に大いに貢献することにもなります。

そして、もしかしたらそれ以上に大きい魅力は、「誰かと競い合わないでも良い」ことかもしれません。

会社勤めをしていると、同輩や後輩が受けている処遇と自分への処遇を比較して、何かと苛立つこともあるでしょうが、こういう感情と無縁になれることは、何とも素晴らしいことです。

大体において似たような境遇の人が周りに多かったサラリーマン時代とは異なり、全く違った仕事をしてみると、上も下も桁外れの人たちがうじゃうじゃいます。「え？　世の中の人ってこんなにバカばっかりなの？」と思うこともあるでしょうし、逆に、周りの人の幾人かの、あまりの能力の高さに舌を巻いて、恐れ入ることもあるかもしれません。

そうした新しい環境の中で、私が多くの人にお勧めしたいのは、「脇役」の楽しみを知ることです。

現状を大雑把に見ていると、高齢でなお社会的に大きな存在感を持っている人の多くは、「権力者」、具体的にいえば、政治家とか、あるいは個人企業のワンマン社長とかいった人たちでしょうが、もっと丁寧に見ていくと、「脇役」のような立場で、余人には代えられないような存在感を示している人たちも、結構数多くいます。

映画や演劇の世界でも「名脇役」は常に欠かせませんが、実社会でもおそらく同じような力学は働いているのでしょう。こういう人たちの多くは、「瑣末《さまつ》なことにこだわらない飄々《ひょうひょう》たる雰囲気」を持っていることが多く、一緒にいるだけで心が和みます。

このような人たちの特徴は、一言で言えば、「能力」だけを自分自身の拠り所にして、「権力」にはこだわらない、言い換えれば、「物事を実際に動かすのは、誰か権力を持っている人がやればいい」と割り切っているかのようなところです。

確かに、「権力」に無頓着になれば、この世の中はかなり生きやすくなりそうです。「能力」を競い合うのも、それはそれなりにかなり大変ですが、「権力」を競い合うよりはずっと楽です。

「権力」を競い合って敗れれば、自分の全てが一挙に否定されてしまいますが、「能力」なら、たとえどこかで負けることがあっても、また別の場所に機会があるはずだからです。

どこかで通用する「能力」さえ持っていれば、「捨てる神あれば拾う神あり」「待てば海路の日和あり」で、胸を張って生きていける場所が、必ずあると思います。

私は最近、役所広司が演じる中年の男性・平山の飄々たる生き方を描いた『PERFECT DAYS』という映画を見ました。彼はおそらく、父親と衝突して、父の経営する会社の後を継ぐという道を捨てて、安アパートに一人で住み、毎日の公衆トイレの掃除という「仕事」に、誇りをもって取り組んでいるのだと思われますが、朝日や木漏れ日を見る彼の時折の眼差しは、充足感に満ちていました。

飄々と、一隅を照らそう

最近の世論調査によると、ハローワークで職探しをする65歳以上の人たちの数が急増しているとのことですが、求職は事務職が多いのに対し、求人は清掃や警備の仕事が多く、マッチングがなかなかうまくいかないようです。

長らく事務職で幅をきかしてきた人たちにとっては、清掃や警備の仕事は、なんとなく一段下の仕事のように見えるのでしょうが、「需要のある仕事こそが重要な仕事なのだ」という観点にたてば、これはむしろ逆なのです。

清掃のプロは色々な工夫をして、便利な道具類を次々に開発しますし、巡回警備のプロは、多くの看板やそれに対する人々の反応を見て、新しいマーケティングの手法を考え出します。

こういうことを考えると、創造性を生み出す職種という点では、ありきたりの事務職に比べれば、清掃や警備の仕事は一段上の仕事だと言えないこともありません。

この点で、求人側にも固定観念が強すぎるように私には思えます。多くの会社では、事務職を未だに会社の主たる仕事と考え、虎の子の男女の若い正社員にその経験を積ませようと考えているのかもしれませんが、これからＤＸ（デジタル技術による業務変革）やＡＩの活用が進むと、事務職はどんどん不要になっていく可能性があります。

それならば、やがてはなくなるような「今まで通りの事務的な仕事」は、むしろ定年後の高齢者にやってもらい、虎の子の若手には、より創造性が求められるような「将来性のある仕事」をやってもらった方が、良いのではないでしょうか？

さて、話が少し脇道に外れたので、本筋に戻します。「脇役」に徹することを厭わず、「能力」は存分にあるが「権力」にはこだわらない「飄々たる人たち」には、また別の素晴らしい活躍の場があります。それは「一隅を照らす」という役割です。

「一隅を照らす」は、天台宗の開祖である最澄《さいちょう》の言葉で、「自分がいる世の中のほんの片隅ででも、自分ができることを一つ一つ丁寧にやって、そこを明るくしていくことが大切。それが世の中全体を明るくすることにつながる」という教えですが、この言葉は、アフガニスタンで現地の人たちのために黙々と用水路の建設に取り組み続けてきた中村《なかむら》哲《てつ》医師の「座右の銘」としてもよく知られています。

志半ばで惜しくも凶弾に倒れた中村医師は、「自分にはアフガニスタンの政情を左右する力はないが、人々が最も必要としている用水路の建設ぐらいならできる。自分にできることを黙々とやっていくことが、いつかはアフガニスタンという国を救う」という強い信念を持っていたと読んだことがあります。

我々には、中村医師の100分の1、1000分の1の仕事しかできないとしても、「一隅を照らす」という彼の信念に励まされて、我々の前にある「世の中のためになる仕事」を、一つ一つ丁寧にやっていくということは、いつでもできるはずです。

定年を迎え、大きな組織を離れた方々が、最後に辿り着くべき境地は、この言葉にあるように、私には思えてなりません。

誰でもが、その時々に自分のいる場所で、自分のできることを精一杯やる。

もしその人が「これが世の中のためになる」と信じることができるなら、それがどんな小さな仕事であろうとも、その人は、これまでの「仕事人生」の中のどんな時にも勝るような、「仕事に対する誇り」を持つことができ、悔いのない人生を全うすることができるでしょう。

「困っている人を助ける」という選択肢

残念ながら、現在の日本では、男女を問わず、65歳を超えた時点で、それからの生活を支える上での金銭的な心配をしないで済んでいる様な人たちは少なく、多くの人たちが「年金に頼らずとも普通に生きていけるように、ある程度の仕事は続けたい」と考えているようです。

しかし、中には、かなりの資産を持っていて、余裕綽々《しゃくしゃく》の人たちも多少はいます。

こういう人たちは、機会あるごとに若干の寄付をして、困っている人たちの助けになりたいという意欲も旺盛です。

私事で恐縮ですが、長年連れ添った妻も、そのような一人だと思います。無神論者の私とは異なり、彼女は敬虔《けいけん》なキリスト教徒なので、「困っている人たちを助ける」ことにはいつも熱心です。「国境なき医師団」のような団体には時々寄付しているようですし、もう25年以上も、「まりや食堂」という山谷の激安食堂で、最安値で150円のお弁当を売る「奉仕活動」をしています。

いつも家で冗談を言っていますが、彼女にとって大切なのは、一に「子供たちと孫達」、二に「食堂にくるオジさん達（70歳代の男性が中心で、日に平均50人から100人が来てくれるようです）」、三、四がなくて五に「ダンナ」のようです。

世の中でよく使われている「慈善」という言葉は、英語ではフィランソロピー、ギリシャ語のフィル（愛）とアンソロピー（人類）を合成した言葉ですから、「人類愛」が正確な訳語かもしれませんが、国語辞典を引くと「困っている人を助ける行為」と出てきます。「自分に余裕があれば、困っている人を助けたい」という気持ちは、古今東西を問わず、多くの人が持っている気持ちですから、恐らくはあなた自身や、あなたの周りにいる多くの人たちも、潜在的な「慈善家」だと言ってもよいと思います。

このような「慈善家」が何をするかと言えば、第一には「寄付」で、第二には「ボランティア活動」、つまり無償で働くことです。

金銭的な寄付はわかりやすいので、世界各国で番付がつくられています。米国ではダントツのトップが、投資家のウォーレン・バフェット。この人は自分の資産の99％は寄付する（つまり誰にも遺産相続はしない）と公言しており、今から数年前の2021年には、日本円に換算して4600億円もの寄付を、新たに行うとも発表しました。まさに桁外れです。

第2位にはマイクロソフトの創業者ビル・ゲイツ夫妻、第3位には、ヘッジファンドという新しい投資形態を考案した投資家のジョージ・ソロスが名を連ねています。

日本ではどうかと言えば、東日本大震災の時に私財100億円を寄付した孫正義《そんまさよし》さんが最大の慈善家だとされています。楽天グループ創業者の三木谷浩史《みきたにひろし》さんとミュージシャンのYOSHIKIさんがこれに続く由ですが、米国に比べれば、比較にならないほど小粒です。

私の大失敗、しかし

ちなみに、東日本大震災の時に私はソフトバンクモバイルの副社長をしていましたから、社長の孫さんが100億円を寄付したとなると、自分も何かしなければならないと思いました。

しかし、個人資産では孫さんの1万分の1にもならない私が、わずかばかりの寄付をしてみたところでほとんど意味はありません。そこで私は、某大学の某教授が「自分の考えた方式が完成すれば、太陽光発電の効率は3倍になる」と豪語したのに、砂漠でオアシスを見つけたかのように飛びついて、「自分にはお金はないので身体で払おう」と決意、生涯無償で働いてこの技術を事業化しようと考えるに至りました（孫さんは原発事故を心底恐れていて、自然エネルギーに入れ込んでいましたから、私もその路線から外れるわけにはいかず、基本的に半導体技術の延長である太陽光発電に賭けざるを得なかったのです）。

しかし、この大学教授のアイデアは、結局は実を結びませんでした。結果として私は、自分の老後資金の多くを失い、私の懇願に応じて資金を出してくれた二つの企業に大きな迷惑をかけた上、「いい歳をして、調べるべきこともろくに調べずに、子供じみた衝動だけで動いて、貴重な資金と時間を浪費してしまった」という苦い自責の念に、その後数年にわたり苛まれることになりました。

しかし、「志はあるがお金はないのなら、身体で払えば良いではないか」という、その時の私の考えは正しかったと思います。

現在も、金銭的な寄付ではなく、自分の才覚と時間を使ったボランティア活動で、困っている人たちを助けたいという人は、老若男女を問わず数多くいます（少し古い統計ですが、2018年の時点で、日本全国でボランティア活動に従事した人の数は、約770万人と言われています）。

日本政府は、このようなボランティア活動がスムーズに行われるように、1998年にNPO法（特定非営利活動促進法）という法律を施行しており、2021年にはこれを抜本的に改正して、支援体制をさらに強化しました。この法律で設立を認められたNPO法人（日本語では「特定非営利活動法人」）の活動の対象は、保健、医療、福祉、社会教育、子供の育成、職業能力の開発、まちづくり、環境保全、国際協力、学術・文化・芸術・スポーツの振興、等々、多種多様な項目にわたります。

これらのNPO法人は、各都道府県知事の監督下におかれ、様々な特典が与えられています。ここで働きたいという人たちに対する受け入れ窓口も、よく整えられているようです。

「自分は幸いにしてお金の心配はもうあまりせずに済む境遇だが、自分の才覚と時間は、世の中のために惜しみなく使いたい」と考えている人たちにとっては、NPO法人を自ら立ち上げたり、誰かが立ち上げたNPO法人で働いたりするという選択肢は、かなり現実的です。

これによって、この人たちは、間違いなくこの世の中の重要な「一隅」を照らし、「普通の高齢者」から「良い高齢者」へと転身できます。

仕事に対する不完全燃焼

前項でお話しした太陽光発電の仕事の失敗の顛末《てんまつ》に加えて、以下に私の現在の心情を、もう少しだけ吐露することにしましょう。

私のような無茶はしてこなかったけれど、心の奥底には私と同じような熱い思いがあり、ただ「大人」として「自重」してきただけだという人も、世の中には案外多いかもしれませんので、ある程度の共感は得られるかもしれないと、少し期待しています。

私の職歴はかなり変わっています。

大学を出て、当時はまだ三菱商事や三井物産に比べればそんなに大きくなかった伊藤忠商事の大阪本社に入社した私は、同社に34年勤めた後に、定年まであと6年を残して突然辞めて、さしたる成算もないままに自分の会社を作り、とりあえずはコンサルタント業で生活の糧を得ていくことにしました。

今ならそんなことは珍しくもありませんが、当時としてはこれは極めて珍奇な行動で、多くの方々が色々と心配してくれました。

その後、携帯通信技術で一世を風靡《ふうび》した米クアルコム社や、まだ生きるか死ぬかの際どい存在でしかなかったソフトバンクで仕事をし、73歳でソフトバンクの副社長を辞めてからは、伊藤忠から独立した時に作っていたジャパン・リンクという自分のコンサルタント会社をまた復活させて、世界中の色々なところを旅しながら、勝手気ままに仕事をしました。

（その間の様々な体験を記録にとして残しておくのは、もしかしたら意味があるかもしれないと、ある時ふと思い立ち、「私の履歴書」と題する長文の記録を、ウェブ上に掲載しています。そこには、成功も失敗も取り混ぜて、多くのことが赤裸々に正直に書かれていますので、ご興味のある方は、お暇な折に飛ばし読みで閲覧して頂ければ、大変嬉しく思います）

そんな私ですが、気がつくといつの間にか80歳になっていたので、コロナの蔓延でもう海外を渡り歩くこともできないなと観念したこともあり、「ビジネスからの完全引退」を宣言、しばらくは大人しく、家でSF小説などを書いていました。

しかし、やはり心の中では、まだ「仕事に対する不完全燃焼感」が残っていたらしく、あることを契機に、また「仕事」にのめり込むようになりました。

縦割り組織では「誰もできない仕事」が溢れている

その契機というのは、ある地政学の勉強会で知り合った自衛隊の技官をやっていた人から、ある案件についてのアドバイスを求められたことでした。

この人の話では、「海岸に設置したアンテナから海上へ向けて短波レーダーを放射すると、最大で１００キロメートル先の海面の微妙な動きが、反射されて来た電波の複雑な変動という形で検知できる。これを様々な数学的手法で解析することにより、24時間３６５日、海面の表層流の流向と流速や波浪の高さが継続的に検知できるので、海難救助、漂流物の回収（海洋環境の保全）、漁業の効率化（潮目の検知、出漁判断、急潮被害の防止、養殖条件の最適化など）、津波や高潮の検知、不審船の検知、等々の様々な目的に利用できる。それなのに、もう10年以上もの間、実験だけは何度も成功裡《せいこうり》に繰り返しているのに、一向に実用化が進まない」ということでした。

私は、最初は「アドバイス程度なら」という軽い気持ちで相談に乗っていたのですが、そのうちに段々と義憤が込み上げてきました。

「通常は、ニーズがあり、それをリーズナブルなコストで実現できる技術があるなら、必ず事業化が可能になるはずなのに、この件ではそれがなされておらず、このままでは、せっかくの技術が永久に人々の役に立つことはない」ことを理解したからです。

そして、その理由が、「用途が多岐にわたるために、全てが縦割り構造になっている現在の日本社会では、誰もこのような事業に取り組もうとしない（取り組める組織体がない）」ということであるのも、すぐにわかりました。

この技術を必要としているのは、約7割は「国民の安心と安全と豊かな環境を守るべき関係官庁」なのですが、それぞれの官庁が単独で取り組むには、資金的、人的負担が大きすぎます。

その上、建設した施設から得られたデータを所轄外の需要者に提供して対価を得るなどは、各官庁ではあり得ないことなので、全てのコストを自らで吸収せねばならず、そうなると、コストの正当化が難しくなるのも当然です。この技術は、機器類の大量販売に結びつくものでもないので、機器メーカーはどこも本気では取り組みません。

従って、これまでのほとんどの研究開発は大学や国の研究所でなされてきましたが、この研究に打ち込んでこられた先生方には、事業化に対する格別の意欲や必要なスキルがなかったようで、研究成果を論文にする以上には進めていませんでした。

自分にしかできないミッションを見つける

それならどうすれば良いか？　どう考えてみても「志を持ったベンチャー企業が、柔軟に発想して新しいビジネスモデルを考え、まず先行して設備を作って技術的な能力を示した上で、潜在的な需要者を説得しながら、丁寧に市場開拓をしていく」しかありません。

しかし、それには相当の胆力と多方面にわたるスキルが必要であり、政治家や官庁のトップの理解を得るのに必要な人脈も持っておらねばなりません。そんな人は、現在のベンチャービジネスの世界にはあまりいません。

その時、私はこう考えました。「私ならできる」。

「私以外にはこんな仕事ができそうな人はあまりいない（そのような能力を持った人は沢山いても、そういう人たちはみんな「悠々自適モード」で、わざわざ火中の栗を拾う人などは皆無だろう）」

そして、その考えを突き詰めていくと、「（もし私が本気で「良い高齢者」になろうと決意したのなら）私自身がこれをやるべきだし、それしかない」という結論にならざるを得なかったのです。

言い換えれば、私は、その瞬間に、「これが私の照らすべき『一隅』なのだ」と観念するに至ったのだと思います。

「やれることは全てやった」と死ぬ前に思えれば十分

しかし、何事につけ、やってみるとどんどん深みにハマるものです。この仕事を進めていくと、当然のことながら、心配事は後を絶たず、びっしょりと寝汗をかいたり、明け方に新しいアイデアが浮かんで、そのまま眠れずにパソコンに向かったり、そういう日が結構頻繁に訪れるようになりました。

それだけではありません。施設を先行して建設するためには相当の資金が必要なので、そのための資金は、エンジェル投資家やベンチャーファンドに頼るしかありません。そうなれば、この人たちの期待に十分応える必要があり、そのためには株式上場の対象になれるような「大規模な成長性のある会社」を作らねばならないのです。

そうなると、事業構想を安全な小ぢんまりとしたものにとどめておくという選択肢は無くなります。恐れを知らぬ若者のように、未知の大海原に漕ぎ出していくような気概が求められるのです。

幸か不幸か、私の頭の中には、若い時からいつも色々な構想が渦巻いているのが常になっていたので、新しいアイデアは次々に生まれてきます。色々な経験をしてきたおかげで、どうすればそういう構想を具体的なビジネスに組み立てていけるかという識見にも事欠きません。

こうして私は、私が「自ら照らすべき」と自分自身に課した「一隅」を、さらに桁外れに大きいものへと、拡大せざるを得なくなったのです。

こうなると、私は、もうこれから5年間は、死ぬわけにもヘタるわけにもいきません。「冴えた頭」を維持するのはもちろん、自分を常に支えてきた「果敢」と「柔軟」の二つの行動規範を、一瞬たりとも忘れることも許されなくなりました。

「とうとうここまできてしまったか」と、ちょっと愕然《がくぜん》とする気持ちもありましたが、もう迷ったり、心配したりするのはやめました。

こうなったら、「80歳代での起業」という特異な成功例を何としても作るべく、ただやみくもに働くしかありません。

人間はどうせいつかは死ぬのです。ことの成否は別として、「とにかく自分にやれることは全てやった」と死ぬ前に思えれば、それだけで十分ではないかと、今は考えることにしています。

第4章　50代は人生で最も重要な時期

50代になったら「このままでいいのか」考える

かつては「還暦」という中国から伝わった考え方が、多くの人たちにとっての人生の一区切りを意味していましたが、最近は、「還暦」の年である60歳は若干曖昧な年回りとなりました。

いつからともなく、「60歳定年」という、多くの企業などに定着していた慣行も崩れつつあり、今は、平均的にみると、65歳が一つの分水嶺《ぶんすいれい》ではないかと思います。健康寿命も昔に比べれば少なくとも5年程度は伸びていますから、これは妥当だと思います。

従って、私がこの本を書き始めた時には、「65歳で定年を迎え、これからは『高齢者』として『第二の人生』をいかに生きようかと考えている人たちに対して、何らかのアドバイスをしたい」という考えが頭の中を占めていました。

しかし、筆を進めているうちに、この考えは微妙に変わってきました。仮に65歳以降を「第二の人生」であると仮定したとしても、それに備えるためには、50代から色々なことを考え始めるべきであり、そうでないと後で後悔することになりかねないと、私自身が今は強く意識するに至っているからです。

ですから、既に50歳を過ぎた方々、あるいはもうすぐ50歳になろうとしている方々（つまり将来の「高齢者予備群」の方々）に、敢えて申し上げましょう。

50歳を過ぎたら、一度自分のそれまでの生き方を自分の心の中で総括してみて、同じような生き方を今後もしていってよいのかと考えてみるべきです。

何事も遅すぎるということはありませんから、既に60歳を過ぎてしまった方々でも、同じように考えてみてください。

その答えはどんなものでもあっても構いません。「とにかく定年までは、何を言われようとこのまま勤め上げよう。その後のことはその時に考えれば良いだけ」というのが自分なりの答えであっても、それはそれで一向に構いません。

しかし、もし何か「もやもやしたもの」が、自分の心の中にわだかまっているように感じたとしたら、それをそのままにしないで、その原因を色々な角度から徹底的に考え直してみるべきです。

これまでの仕事のやり方は通用しなくなる

ここで私が強くお勧めしたいのは、自分自身の生き方について考える前に、まずは世界の現状を自分がどれだけ正しく認識しているかを、自分自身に問うてみることです。

はっきり申し上げたいのは、おそらくその年代の日本人の多くが、世界の変化の驚くほどの速さを、正確には認識していないということです。

頻繁に海外に出かけている人はそれほどでもないかもしれませんが、そういう機会があまりない一方で、長い間所属してきた組織のそれまでのやり方に忠実に従ってきたような人は、かなり認識がずれている可能性があります。

近年の歴史において、「明治維新」や「第二次大戦での敗戦とその後の目覚ましい復興」といった、極端に急激な変動を体験した日本人ではありますが、ここ70年ほどは比較的安穏な毎日の生活に慣れきっており、その底流に流れている凄まじい構造的な変化には、あまり気がついていない可能性があります。

その構造的な変化とは、要言すれば、

1）　世界規模での人口構成比の急激な変化（グローバルサウスの膨張と、それに伴う貿易構造の変化）
2）　若年層を中心とした先進諸国における価値観の変化（古き良き時代の終焉）
3）　デジタル革命

であると言えましょうが、その全てが、静かに、しかし確実に、我々がやるべき「仕事」の対象とやり方を変えていっています。

つまり、色々なところで、これまでの仕事のやり方は通用しなくなりつつあるのです。それなのに、なぜか日本では、官庁でも、企業でも、学校でも、このような構造的な変化に対する対応が極めて鈍いのです。その原因の多くは、どうやら伝統的な「日本的美徳」にあるようなのですが、だからこそ、なかなかそれを打破するのが難しいようです。

「勤勉・実直」「協調と調和（和を以《もっ》て貴《とうと》しとなす）」「安全第一」「継続は力なり」「オー

ル日本（一致団結）」「権威と年功の尊重」等々、我々の周囲には、他国ではあまりお目にかかれないこの様な特異な規範が、圧倒的な存在感を持ってそびえ立っています。

そして、これらの全ては、多くの矛盾を抱えつつも、一面では素晴らしい美徳なので、簡単に否定したり無視したりするのは困難です。

特に「前例主義」がいまだに支配的な官庁や、伝統ある企業の社内では、これらの美徳を公然と無視すれば、周囲から白い目で見られるのは必至です。

私は、官庁のトップや企業の経営者には、蛮勇を奮ってこういうものを打破すべきだと強く訴えたいのですが、それ以外の一般の方々には、そこまでは求めません。しかし、このような「美徳の弊害」については、深く考え、できればそこから抜け出す方策を模索してみて欲しいのです。

人生でもっとも重要な時期がやってきた

あなたが、もし現在、まさに50代であるならば、今こそがそれを深く考えるべき時です。私は、前の章で、「無事に定年を迎えたら、これまでのしがらみを完全に捨て去り、全く新しい生き方をしてみてはどうですか?」と、読者の皆さんに訴えました。

しかしよく考えてみると、それでは手遅れになってしまっている可能性があります。

このリスクを考えると、もっと早くから、最低限の準備だけはしておくべきです。

そうです。50代こそがその時期です。

あなたを「頼りになる新戦力」として受け入れてくれる側の人たちから見ても、50代の前半なら、決して「年齢がいきすぎている」とはみられないでしょう(後半だと若干リスクは出てきますが)。

私の見るところ、「50代」という年齢は、極めて象徴的な重要性を持った年齢だと思います。人間の一生を、少し欲張って「100年」と考えるなら、ちょうど「その道半ば」なのです(まだ「道半ば」なんですよ。これまで生きたのと同じだけの時間がまだ残っているのですよ。信じられますか?)。

違う考え方もできます。22歳から働き始め、それまでに28年働いていたとしたら、あと同じだけ働けば78歳、それならば、そろそろ胸を張って引退宣言をしても良い頃です。

つまり、あなたの「仕事人生」は、ここでもまた、ちょうど「道半ば」なのです。

50代は、能力的にも最も脂の乗り切った頃合いですから、もしあなたが有能とみなされていて、あなたに会社を辞めるそぶりが少しでも感じられたら、会社は必死になってあなたを引き留めに来るでしょう（もっとも、役員にするとまで言ってくる可能性はそんなに高くはないでしょうが）。

端的に言えば、生涯をどの様に過ごすかについて、かなり高いバーゲニングパワーを持ちつつ、思い切った決断をするには（あるいは将来の決断のための準備を密かに進め始めるには）、「50歳」は間違いなく、あなたにとって最も重要な年齢であると言っていいでしょう。

何もしないことが評価された日本の企業文化

これまであなたを縛ってきた「しがらみ」とは何でしょうか？

一言で言えば、それは「日本特有の悪しき企業文化」だと言ってしまってよいかと思います。「日本特有の企業文化」を「悪しき企業文化」だと決めつける私は、相当の反発を受けることを覚悟する必要があります。相当数の高齢者の方々は、「そういう企業文化こそを日本人は誇るべきだ」と、今もなお主張するでしょうから。

しかし、高度成長の後の長期停滞という現実を見せつけられ、種々の指標で中国などに次々と抜かれていっている状況を解析すれば、さすがにそういう主張も力を失いつつあります。

「日本特有の悪しき企業文化」を象徴する「小噺《こばなし》」を少しだけ紹介します。外国人相手の会話で、私はよくこういう話を自虐的にしますが、みんなすぐには意味がわからず、しばらくはキョトンとしています。

つまりそれほど異常なことが、多くの日本企業の日常なのです。

小噺　その一
「日本では、あなたが上司に何か新しい仕事について提言する時には、決してそれが自分のアイデアであると言ったり、それをやるのは自分たちだけだなどと言ったりしてはならない。『これはみんながやっていることだ』と言わなければ、あなたの提案は必ず却下される」

もちろんこんな頓狂な話は、すぐにはわかってもらえないので、私はすぐにフォローします。

「日本の上司は、一般的に自分の部下の言うことをあまり信用しません。外部の誰かが言うと、それを言う人が多ければ多いほど、信用します。誰か外部の権威者のお墨付きがなければ、自分の部下のアイデアなんて、怖くてとても飛び付けないのです。

同様に、競争相手がみんなやっているとなると、自分たちだけが孤立することを恐れて、何でもやりたくなりますが、自分たちだけが始めるとなると、失敗を恐れてなかなか踏み切れないのです。

例えば米国なら、これは全て正反対となりますが、それは、米国では、リスクに挑戦して大成功を収めてきた人が、あなたの『上司』となるような地位につくことが多いのに対し、日本ではうまくリスクを避けて傷つくことがなかった人が『上司』になることが多いからです」

小噺　その二

「重要なポジションを務めていた偉い人がその職から引退する時のパーティーでは、この人たちは普通『大きな過ちを犯すことなく無事に勤め上げた』と挨拶するが、これに対して、『それで？　あなたはその間に何をされたのですか？』などとは決して尋ねてはならない。日本では『何もしないで（大過なく）過ごす』ことこそが、何よりも高く評価されるからだ」

これもまた、多くの外国人にとっては、キョトンとする以外に反応のしようもないほどに変な話で、フォローが必要なのは当然ですから、私はこう説明しています。

「日本では地位そのものが尊敬の対象であり、その人がどうしてその地位についたのかとか、その地位についていた間、その人が何を成し遂げたのかとかは、あまり気にしません。失敗さえしなければ良いのです」

考えてみると、これでは何の説明にもなっていないのですが、他に説明の仕方がないのですから仕方がありません。

忍耐強く几帳面で、低賃金でも文句を言わない日本人

日本が驚異的な高度成長を成し遂げ、米国がやがてGDPでも日本に抜かれるのではないかと恐れていた頃には、米国の多くの経営学者が「日本の成功の秘訣」を知ろうと色々な解析を試みました。

しかし、そういう研究はそのうちにすぐにやめてしまいました。「日本の企業経営のやり方に自分たちが学ぶべきものは何もない。日本企業の経営者はただ運が良かっただけだ。彼らは、『忍耐強く几帳面で、細部まで完璧に仕上げた商品を、約束した期日までに納入しなければ気の安らぐことのない従業員』を、いながらにして多数持っている。しかも、そのような従業員に、大した給料を払わずに済んでいる。こんなことは真似ようにも真似られないことだ」。そう結論づけて、彼らは匙《さじ》を投げたのです。

しかし、日本の経営者の運の強さは、長続きはしませんでした。こういった日本人従業員の類稀《まれ》な特質が威力を発揮する分野は、だんだん産業の主流でなくなっていった上に、多くの途上国の労働者は、几帳面さでは日本人に及ばずとも、忍耐強さでは比肩す

るものを持ち、その上、日本人よりもさらに安い賃金で働いたからです。

日本企業の強さの部分はそのままにして、経営のやり方のバカバカしさを切り落として、成功を招いた外国人の経営者もいました。一時期日産自動車の業績を急速に改善したカルロス・ゴーン氏です。

ゴーン氏は、後には色々な問題を引き起こしましたが、就任当初の活躍は実に目覚ましいものでした。彼は日産自動車の中にあった様々なバカバカしい慣行や、長年の取引先との間の理不尽な取引条件などを、日本語が理解できないふりをして、些《いささ》かの忖度《そんたく》もなく一切合財切り捨ててしまったのです。

この効果は誰の目にも明らかだったので、多くの人たちが、「それまでの企業文化がいかに悪しきものだったか」を、嫌でも認めざるを得ませんでした。

「何ができるか」ではなく、「何をすべきか」を考える

50歳になった皆さんは、これまで多くの仕事を手掛けてこられたはずですが、その中で「これはどうしても自分がやらねばならない仕事」と思いながらやった仕事はどれく

らいあるでしょうか？

おそらくはそんなにはなかったと思います。ほとんどの仕事は上司から命令されたか、あるいは「予算を達成するためにはやるしかない」と観念してやった仕事だったのではないでしょうか？

それでは、外から持ち込まれた仕事はどうだったでしょうか？

それを受けて立つかどうかの判断に「これは世の中のためにどうしてもやるべき仕事だ（だから受けて立とう）」という観点が含まれていたでしょうか？　そういうケースはおそらくはほんのわずかで、ほとんどは「自分たちでできる仕事かどうか」の判断が先に立ったのではないでしょうか？

あなたがもし一つのグループを率いる立場だったとして、部下の一人から何か新しいことを提案された場合も同じでしょう。「やる必要があるかどうか（世の中がそれを求めているかどうか）」の判断よりも、「できそうかどうか」の判断が、当然先に来たはずです。

世の中で今起こっていることは、概ねそういう判断の集積の結果なのです。それが世の中の流れを作っています。

時折「本当は何が必要とされているか（まだ多くの人が気づいていない潜在需要）」を深く考える人がいて、その人が勇気を持ってその実現に挑戦すると、その人はしばしば大きな成功を収め、偉大な事業家だという世評を取り、その成功をベースにして更なる挑戦を行い、ついには大きな企業グループ（大企業の中でなら新しい事業本部）を育て上げることもあり得ますが、それは稀にしか起こらないことです。

こぢんまりした仕事に慣れてはいけない

さて、ここで皆さんの現在の境遇に戻って、一つ原点から考え直してみましょう。「仕事」というものは、平たく言えば「自分が定めた（あるいは誰かに定められた）目的」を達成することです。

そのためには「能力」がなければなりませんが、多くの場合「権力」も必要です（「権力」というと何かおどろおどろしい感じがしますので、「権限」とか「役割」とかいう言葉に言い換えてもいいでしょう）。そしてまた、「資金」も必要です（官僚の場合は、これは「予算」と言い換えた方が良いでしょう）。

いくら「能力」があっても、「権限」や「資金」がなければ、何もできないのです。

そうなると、現実にはどういうことが起こるでしょうか?

ある時に「こういうことこそやるべきなのではないか」と自分で思いついたとしても、または、外部の人からそういう考えが持ち込まれたとしても、普通のサラリーマンや官僚がまず考えるのは、「自分の持っている権限や予算でそれができるだろうか」ということでしかあり得ないのです。

あるいは、一歩譲っても「この程度の予算なら、上を説得して獲得できるかもしれない」という判断がなければ、初めからそういうアイデア自体を、自ら否定するしかなくなります。

それはどういう結果を招くでしょうか?

やった仕事の全てが、小さく、こぢんまりしたものにならざるを得ないのです。

どんなに有能な人であっても、組織の中にいる限りは、「自分がやる(べき)仕事」は「ほどほどに小さい」ものでなければならず、「我が社の将来のために(あるいは国の将来のために)どうしても必要だ」などといった「大それた思い」とは、無縁でなければならないのです。

「心が躍る」瞬間を作っていく

しかし、「定年」やその他の理由によって、もしあなたが今の組織から離れて自由になったとしたら、状況は全く変わってきます。

あなたに残されたものは、もはやあなたの「能力」しかなく、「権限」も「資金」も、全て自分でどこかから見つけ出してこなければならないからです。

これは、気の遠くなるほど恐ろしいことのように思え、「そんなの無理に決まっている」と思われるかもしれませんが、その一面で、少し心が躍るのを感じるかもしれません。

もし少しでも心が躍るのなら、初めから可能性を否定してしまうのは、あまりに残念です。

人が生きている中で、最も良いことはなんでしょうか？

それは「心が躍る」ことではないでしょうか？（逆に一番辛いのは、「心が打ちひしが

れる（心が折れる）」ことだと思います）

別に大興奮するほどのことでなくても、ほんの少しの間でも「心が躍る」ように感じるのは、得難い経験であり、毎日の生活の中で一番大切にすべきことだと思います。

そして、その「心の躍る」対象が、個人的な喜びにとどまらず、自分を包み込んでいる社会全体に関わることだったら、その喜びはさらに大きくなるでしょう。

人間は自分を取り巻く社会の一員としてしか生きていけません。ですから、その社会との関わり合いのあり方は、極めて重要な人生のテーマの一つなのです。

この関係が濃密で、「自分が社会に対して何か良いことをしている」という感覚があれば、あなたの人生は、たとえわずかばかりでも、より幸せなものになるでしょう。

あなたの毎日の「仕事」が、生活費を稼ぐために仕方なくやっているだけのことではなくて、「世の中のためになることだ」と自分で信じられるものに、これからもし少しでも変わっていく可能性があるとしたら、あなたの心はきっと少し躍るはずです。

その可能性を考えてみませんか？

一つの選択肢としての「起業」

最近は「起業」という言葉が頻繁に使われるようになりましたが、「起業」とは、要するに「新しい事業を始める」ことです。

例えば、あなたが「サラリーマンを辞めて駅前にラーメン屋を開こう」と思い立ち、実際にそれを実行したとしたら、あなたは立派な「起業家」なのです。

現在日本の長者番付の上位を占める人たちのほとんどは、広い意味での起業家ですが、それは当然です。なぜ億万長者になったかといえば、自分が作った会社の自分の持ち株の価値が事業の拡大と共に数万倍、数十万倍にもなったからであり、サラリーマンでは、いかに努力しようと、運がよかろうと、億万長者にはなれません。

成功した起業家にはいくつかのパターンがありますが、平均して言えることは、第一には、自社の扱おうとしている（あるいは思いついた）商品やサービスが大きな潜在需要を抱えた分野に属する（あるいはその周辺にある）のをまず見抜いたということであり、第二には、他の人たちとは異なったやり方をしたということです（あるいは、他の人には真似のできないほど色々考え、昼夜を問わず働いたことです）。

億万長者になった人の誰一人として、単純に人と同じことをした人はいません。

日本で成功した「起業家」の一つのパターンとしては、「製造現場から出発して、自分のやり方ならもっと良いものがもっと安くできるはずと確信したにもかかわらず、勤めていた会社がそういうアイデアを取り上げてくれなかったので、やむなく会社を飛び出して、仲間を集めて起業した」というパターンがあります。

京セラの稲盛さんはまさにその典型でしたが、同じパターンで成功している人は枚挙にいとまがありません。一時期ユニクロ創設者の柳井《やない》正《ただし》さんを抜いて長者番付の第1位に躍り出た、キーエンス創業者の滝崎《たきざき》武光《たけみつ》さんもその一人です。

キーエンスの商品は全て地味なものですが、どんな工場でも必ず必要とされるものであり、その開発、製造、販売の手法の全てが、最初から最後まで理詰めで、一分の隙もないのです。

「製造現場発」のものとは別の流れとしては、流通、情報、金融、エンターテインメント、等々の分野で、新機軸を打ち出した多くの新興企業があります。世界的には圧倒的にこちらが主流であるのはもちろんのこととして、日本でも最近はこちらの方が主流になっています。

典型的な「(永遠の)起業家」である孫正義さんの場合は大変ユニークです。彼は若い時に、全く何の先入観も持たず、「これから大きな市場が開けるもので、まだ誰もやっていないのは何か」という一点に絞って、自分の進路を決めました。

それが「コンピューター・ソフトウェアの販売」という分野だったので、彼はとりあえずここに手持ち資金の一切を賭けました。彼の率いる企業グループが(野球チームを含め)、今もなお「ソフトバンク」と名乗っているのは、ここに始まったのです。

ベンチャービジネスは誰でも実現可能に

一握りの人たちが新しく「起業」して始めるビジネスは「ベンチャービジネス」と呼ばれます。そして、これに投資することを業とする人たちは「ベンチャーキャピタリスト」と呼ばれます。

「ベンチャー」という言葉は「アドベンチャー(冒険)」と関連のある言葉ですから、

この言葉には、何となく「血湧き、肉躍る」イメージがあります。

私は今から45年以上も前の30歳代の終わりに、こういうものがあるということを初めてアメリカで知って、矢も盾もたまらずその両方に飛び込み、今から考えればとんでもないほどの初歩的なミスを犯して、無惨な敗北を喫しました。

その当時は「ベンチャービジネス」の意義や将来性を意識していた日本人はほとんどいませんでしたから、私はおそらく「とんでもない跳ね返りのバカ丸出し」に見えたでしょう。全く弁明のしようもありません。

しかし、現在はどうでしょうか? ベンチャービジネスの赫々《かっかく》たる成功例は世界中に溢れており、ここに投下される資金も天井知らず、経験の乏しいビジネスの初心者でも、アイデアと意欲さえあれば何とかなる、様々な支援体制も整備されてきています。

万事に後追いの日本政府でさえもが、「スタートアップ企業の活躍がなければ日本の将来はない」という考えを固めつつあるかのようで、内閣府を司令塔にした支援体制を整えつつあります。

つまり、当時40歳代だった私が惨めな敗北を喫した45年前に比べれば、天国に近い状態なのです。

一言でズバリと言えば、私は読者の皆さんに、是非とも「起業」という「一つの選択肢」を将来計画の一隅に加えて欲しいのです。

自らが単独で「起業」する必要はありません。誰かと一緒にやったり、誰かを助ける形で参画したりするのも良いことです。いや、むしろその方が可能性は高いかもしれません。

「これまでに培った自分の得意技が、実行力に富んだ友人や知人の起業を助ける」というシナリオは、かなり現実性もあるし、成功率も高いでしょう。

一昔前には、新しい技術やビジネスの可能性を投資家に訴えると「あなたはそんなに自信があるのなら、自分の全財産を担保に入れるのでしょうね」と凄まれたものでしたが、今はそんなことはありません。

賭けるのは「自分の能力」と「全ての可処分時間」だけでよく、たとえ運悪く失敗したとしても、橋の下で野垂れ死にすることにはなりません。一時限りの若干の失意と、しばらく続く若干の貧乏に耐えれば良いだけです。

いずれにせよ一回だけの人生です。その程度は何ということはないのではないでしょうか？

副業から始めてみる

最後に、ベンチャービジネスに関連して、私から皆さんに三つ具体的なアドバイスがあります。

第一は、50代の方へのアドバイスです。最近は多くの会社が「副業」を認めており、「相互副業」という「会社同士の取り決め」に積極的な会社も数多くあるようです。

これは「自社にはないスキルを持った人材を、そういう人たちが有り余っている他社から一時的に借り受ける。逆のケースもあるので、貸し借りを相対にすれば、会社対会社の関係では相互に助け合うという形になる」というものです。

これはこれで大変良いアイデアだとは思いますが、こういう形でなくても、経験者が揃っていないベンチャー企業などに助太刀で入る「副業」は、大いにあって良いと思います。

ベンチャー企業にはもちろんリスクは付きものですが、働いた分はちゃんと払ってもらえるのは間違いないし、もしかして将来大化けするような良いベンチャーに巡り合えば、思わぬ将来が開けるかもしれません。

副業のもう一つの魅力は、そういう仕事は、自分の持っている知識を買われての仕事が中心となり、そうなると、「ネットを駆使してさらに知識を深め、より価値のあるレポートにまとめ上げる」といった仕事が多くなるということです。

そういう仕事なら、自宅や最寄りのワークスペース（最近はこういうものもよく見かけるようになりました）で、本業が手隙になったちょっとした時間の合間を使って、小刻みにこなすことができます。

財務経理に強い人なら、エクセルに収まっている膨大な財務資料をチェックして、目的にあった形に簡潔に整理したり、様々な角度からこれを評価したりするといった仕事が求められることも結構あるでしょうし、税理士や財務アナリストに近い仕事を求められることもあるかもしれません。

また、パソコンを駆使してデザイン性の高いプレゼンテーション等を作ることが得意な人なら、そういう仕事が結構頻繁に飛び込んでくるでしょう。この手の仕事は、最近はランサーズという会社が需要と供給を結びつける役割を果たしてくれており、ここに登録して仕事が来るのを待っている人も、頻繁にそういう仕事を外部に発注する会社も、次第に多くなっているようです。

こういった仕事は全て、最初にあげたケース同様、働く場所や時間を選びません。そして、もしあなたの仕事ぶりが気に入られれば、同じところから同じような仕事が、継続的に発注されることも多くなるでしょう。

この発注元が、もし人材不足に悩む発展途上のスタートアップ企業で、彼らがあなたの仕事ぶりを気に入ってくれたら、ある時あなたに、この会社から思いもかけなかったような高給を約束するオファーが来るかもしれず、あなたは大きく成長したこの会社の、幹部社員の座を勝ちとるという幸運に恵まれることになるかもしれません。

エンジェル投資家になるという選択肢

第二は、成功した高齢者で、ある程度の蓄えがあり、「投資は安全第一のものだけでなく、少しは楽しみのためのものも混ぜてみたい」と考えているような方々へのアドバイスです。

ベンチャー投資を専門にやっているいわゆる「ベンチャーキャピタル・ファンド」は、その会社が数十倍の株価で、相当早いタイミングで「上場」できない限りはモトが取れないと考えているので、投資対象がある程度限られてしまいます。これに対し、いわゆる「エンジェル投資家」は、もう少し違った観点からの投資が可能です。

ここで投資家が考えるべきことは、まず、事業計画が健全で損をする可能性がそんなに大きくはないこと。次に、計画通りに進めば、長期的には一般の投資とは比較にならないレベルでの高いリターンが得られること。

そして、第三に、事業計画自体が興味深く、世の中のためにもなりそうだと思えるものを選べること。この三つであり、この三つだけです。

そして、私の見るところでは、この「第三」が最も大切です。自分自身が起業家にならなくても、起業家の応援団になって、一緒に事業の発展を見守っていくことができれば、ある程度起業家の楽しみを共有することができるからです。

起業家側でも、創業時に世話になったこのようなエンジェル投資家のことは、家族のように感じて、いつまでも大切にしてくれるはずですし、そのアドバイスはいつでも真《しん》摯《し》に聞いてくれるでしょう。

最近はこのような投資が国の将来のために有益という観点から、国も「エンジェル税制」という思い切った優遇措置を講じてくれています。これを使わない手はありません。

現時点の履歴書を作ってみる

さて、50歳を超えたら、少しこれまでの「生き方」を変えることを考えるべきではないかと、皆さんを散々煽《あお》りましたが、そのためには「日頃からの準備」を怠らないことも必要なのはもちろんです。

それは自分自身の能力と意欲を正しく認識し、あなたを雇ったり、あなたと契約したりして、一緒に仕事をすることを考えてくれるかもしれない人に対して、あなた自身を正しくアピールするための資料を、日頃からきちんと用意しておくことです。

これは、具体的には「履歴書」のことです。ただし、普通の日本の「履歴書」は、「学歴」と「職歴」に分けて、所属した学校や会社の名前、会社の中での所属部署や役職などを年月日順に列記したものですが、諸外国ではこんなものではクソの役にも立ちません。

会社名や所属部署や役職の記載は必要ですが、そこでどんな「仕事」をし、どのような「成果」をあげたかの具体的な記載がなければ、意味がある記載だと認めてもらえないのです。

それ以前に、「自分はどんな人間で、何がしたいか」ということを、まず冒頭に自分の言葉で明確に記載することが、欧米の履歴書ではかなり頻繁に行われています。求人側から見れば、それがまずは一番に知りたいことだからです。

日本では、自分で自分を「売り込む」などといった「はしたない」ことはしてはならない（誰かがちゃんと見てくれているはずだから、自分はじっとしていれば良い）といった考えが、長い間ずっと支配的でしたが、もうそんな「世界標準から見れば異様な考え」は捨てるべきです。

典型的なこれまでの日本の「会社員」は、「次は自分はどんなところに回されるのかなあ？（会社は自分をどう使うのかなあ？）」と考えるのが普通だったようです。「すべては会社が決めること（自分はそれに従うしかない）」というわけです。

そこには「自分はどうしてもこういうことをやってみたい（そのためにはどうすれば良いのかな？）」という発想はほとんどありませんでした。それはそれで気楽だったかもしれませんが、あまりにも主体性がなく、少し残念な気がします。

これに対し、米国などの多くの国の「会社員」は、ほとんど誰でもが、いつも自分の「履歴書」を机の引き出しの中に入れています。いつ突然クビになるかもしれないし（もちろんかなり手厚い退職金は支払われますが）、自分の方でも常に「より良い勤め先がないか」と考えているからです。

「自分の市場価値」にはがっかりするもの

現在の日本の多くの会社員は、自分がする仕事については、ほとんど会社任せで、自分の意欲や希望を表に出すことを極力控えていることが多いようです。そして、このような姿勢を「忠誠心の証し」と受け止め、高く評価する向きもないではないようです。

しかし、私なら、この様な姿勢は「積極性の欠如」と受け止めます。

現在の日本人の多くにみられる「言い訳症候群」または「何でも人のせいにする症候群」とも呼ぶべき傾向は、このような姿勢と表裏一体のものではないかとさえ、私は思うのです。

その意味で、たとえあなたに、今勤めている会社を突然クビになる可能性など全く考えられず、また自ら「転職」を考えるつもりも毛頭なかったとして、このような「履歴書」を書いてみて、毎年それを少しずつ書き足しながら、自分自身と「自分の仕事」との関係を見つめ直してみることは、あなた自身にとって極めて大切なことだと、私は思います。

そうしてみると、「とどのつまり、自分はナンボのものか」がよくわかるでしょう。

こうして自分の履歴書を書いて、それをじっくり見つめていると、「今の職場はオレ様がいなくちゃあ回らないよな（だからオレ様はもっと高く売れてもいいよな）」と自信を深めることも、場合によってあるかもしれませんが、大抵は少しがっかりするケースの方が多いのではないでしょうか？

しかし、それを機会に、その「思った程たいしたものではなかった自分の価値」を、これからどうすればもっと高めることができるかを考えることになれば、それは素晴らしい進歩だと思います。

要言すれば、これまで「転職」などということを考えたこともなく、これからもそんなことはないだろうと考えている人であっても、無理にでもその可能性を考えて、先に申し上げたようなスタイルの「履歴書」を書いてみて、頭の中で面接の様子も想像してみることを、私は皆さんに是非お勧めしたいと思います。

それがきっかけになって、思わぬ未来が開けることも、あるいはあるかもしれないからです。

せっかく「履歴書」のことに言及したので、最後にもう一言付け加えましょう。

比較的些細な問題ではありますが、「履歴書」には、「経歴」とは別に、いわゆる「スキルセット」の記載も必要です。

英語力なら英検何級とか、TOEICやTOEFLの点数ですし、パソコン関係なら、例えばマイクロソフトのMOSスペシャリスト資格とか、MOSエキスパート資格とか、色々あります。ＩＱも「地頭の良さ」を示す一つの指標になりますし、AtCoderのアルゴリズム系のコンテストでのレイティング（色）は、高いプログラミング能力が求められる分野では、かなり実効的な指標となります。

何はともあれ、仕事に関係があろうがなかろうが、あなたが苦労して取得した色々な資格は、全てあなたの貴重な財産です。

その資格を取る過程で得た能力そのもの以上に、「興味を持ち、勉強し、そういう資格をとった」という事実（それをもたらした意欲）の方が、もっと意味があると言ってもいいでしょう。

手抜きする仕事・頑張る仕事を区別する

実際には、「思い切って枠から飛び出す」などということは、そんなに容易なことではありませんから、この本を読んでくださっている50代の多くの方々からは、「それよりも、今すぐできる範囲内での『改善』の方法が何かあれば、それを聞きたいんですよね」という声が聞こえてきそうです。そういう声に対しては、やはりちゃんと答えておく必要があるでしょう。

真っ先に問われそうなのは、おそらく、「会社（上司）から求められた仕事が、全く無意味なものに思えた時の身の処し方」ではないでしょうか。しかし、これに対する対応策は至極簡単です。

ここだけは、「仕事に取り組む時に心がけるべき一般原則」を頭から無視して、何も考えずに、「できるだけ手抜きする」ことをお勧めします。それで十分だと思います。

もちろん、あなたの上司はあまり愉快そうな顔はしないでしょうし、嫌味の一言ぐらいは言われるかもしれませんが、それだけで済むでしょう。そのことが、あなたの将来の進路にまで、影響を与えるなどとはとても思えません。

なぜなら、あなたに求められたのは、要するに「どうでも良い仕事」だったからです。「無意味な仕事」の本質とは、要するにその程度のものなのです。

次に、「これまでのやり方があまりに不合理なので、やり方を少し変えてみたい」と、あなた自身が思った時はどうすれば良いのかという問題です。

これは、第一の問題とは正反対で、正解は「できるだけのことをする」です。

しかし、結果が思うに任せず、「骨折り損のくたびれもうけ」に終わったとしても、そんなにがっかりする必要はありません。思った以上に難しい仕事であることがわかれば、そこで断念しても、大きな問題ではありません。あらゆる問題には、常に「軽重」があります。

「何が何でもやり遂げる」とまで思い詰めるのは、とりわけ重要な問題だけに絞るべきです。そうしなければ、どこかで息切れしてしまいます。

表と裏を使い分ける

しかし、この過程で、合理化の難しい理由が「組織」に起因することがわかった場合は、簡単には諦めるべきではありません。不適切な「組織」の問題は、あなたが直面した問題だけでなく、他の多くの問題も惹起《じゃっき》する可能性が高いからです。

この場合は、同じ組織上の矛盾が惹起している他の問題がないかをチェックして、もしそういう問題があることがわかれば、それで困っている人たちと連携して動くことを考えるべきです。

あなたと同じような立場の（その多くは中間管理職のような立場でしょうが）人たちが、数多く集まって連携すれば、かなりの変革が可能になるでしょう。

会議などでも、あなたが言ったことにすぐに反応して「応援演説」をしてくれる人が一人でもいれば、それが大きな助けとなることを、あなたは何度か経験したはずです。固定され、閉ざされた組織の中では、「数」は間違いなく「力」なのです。

次に、「派閥」の類の争いに巻き込まれて去就に迷った場合。

これは議論の分かれるところですが、私の個人的なアドバイスは「表裏を使い分ける」ことです。すなわち、腹の中では、「どちらが正しいか」について、どんな時でも突き詰めて考え、自分の考えを明確にしておくべきですが、実際の行動にそれを反映させると失うものが多いと判断したなら、表面上は態度を曖昧にしておいても、一向に差し支えありません。

「正義感」の類は、本当に重要な局面でのみ、勇気を持って貫けば、それで十分です。

徹底的に部下の味方になる

最後に、若い部下たちとの関係に悩んだ時（あるいは上司と部下との板挟みになった時）の身の処し方です。

これについては、私は「徹底的に若い人たちの立場に立つ」ことをお勧めします。「上司に成り代わって、若い人たちに理不尽を強いる」という選択肢は、絶対に取ってはなりません。

それで得られるものは極めて小さいのに、失われる「評判」はあまりに大きく、それによって将来の色々な局面であなたの立場が不利になるケースは、想像以上に多いと思うからです。

仕事の進め方などについて、若い人たちと考えが大きく異なっていることに気づくことは、しばしば起こるでしょうが、確率的に言えば若い人たちの考えが間違っていて、あなたの方が正しいケースの方がはるかに多いとしても、頭からそれを表に出すべきではありません。

まずは若い人たちの考えをよく理解することに努め、少しでも取り入れてよいと思う点があれば、無理をしてでもそうするべきです。その理由は至極明快です。

第一には、部下に愛され信頼されることは、あなたの仕事がうまくいくためにあまりに重要なファクターだからであり、そして第二には、「忖度」の能力をまだ十分に身につけていない若い部下たちの観点は、意外に「常識の盲点」を衝《つ》いていることが多く、意外に役立つからです。

第5章　誰もがいつかは高齢者になる

「何となく過ぎていく毎日」に流されていないか？

本書はすでに高齢者になっている人や、もうすぐ高齢者になる人に向けて書いているわけですが、よく考えてみると、今は働き盛りの若い人たちだって、いつかは高齢者になるのですから、今から読んでいただいても罰は当たらないでしょう。

実際に私には、若い人たちに、手遅れにならないうちに考えておいてほしいことがたくさんあるのです。

人間は誰でも、毎日を「何となく」生きています。

以前から決まっている予定が結構入っているし、上司や取引先から督促されることもあるし、いつも気になりながらもなんとなく手付かずになっていたことで、「あ、そろそろあれをやってしまわないといけないなあ」と思って、取り掛かる仕事もあるでしょう。

会社勤めの場合は、「前から決まっている予定」の中に「会議」というのが結構あります。この「会議」で、自分が主役になることはそんなに多くはなく、大体は上司や同僚が喋《しゃべ》っているのを聞いている時間がほとんどですし、その話の中に何かハッと気付かされるものがあるのは稀で、大体は退屈な話です。

コロナ禍がもたらしたただ一つの良いこととして、最近は多くの会社で「在宅勤務」がかなり大っぴらに許されるようになりましたが、それまでは、「通勤」が多くの人たちの毎日の相当部分を占めていました。

毎朝身支度をして家を出て、満員電車に揺られ、乗り換えのたびに小突き回され、やっと会社にたどり着いて、自分の机の前に座るとホッとします。帰りも同じで、やっとの思いで家にたどり着くと、しばらくはあまり動きたくありません。

勤め先が東京や大阪のような大都市の場合は、平均してこの往復の通勤に合計で2時間から3時間ぐらいかかるのは普通ですから、これによって会社に仕事で拘束されている時間が3割程度は加算されていることになります。

伊藤忠の社長、会長を務め、のちに中国大使にもなった丹羽宇一郎《にわういちろう》さんは、私と同期で、最近までも時々zoomで時局について語り合っていたような仲ですが、彼の場合はこの通勤時間をうまく利用していました。彼は社有車による送迎を断って電車通勤でしたが、自宅が東急電鉄の田園都市線の奥の方だったので、確実に座れます。

そこで勉強家の彼は、毎朝目を閉じてイヤホンで経済やビジネスに絡む勉強をしていた由です。しかし、こんな真似のできる人はあまりいません。

冒険なくして運は訪れない

店頭で来客をもてなしたり、客先まわりをしたりして、毎月の販売額を競い合わなければならないような仕事は、少し趣が違いますが、いずれにせよ、毎日の時間がなんとなく過ぎていき、なんとなく疲れ切ってしまう状況は同じです。

その間に何かを深く考えるというようなことは滅多にありません。何かを深く考えざるを得なくなるような刺激を受けることもないし、深く考える時間もないのです。

しかし、人間の「運」が開けることの多くは、何かを深く考えることによって生まれるケースが多いので、これではチャンスは巡って来ません。

決まりきった仕事に追われている毎日や、変わったことを見聞きして刺激を受けることのない毎日に甘んじているのは、あまり良いことではないのです。

それでも、もしあなたが企業に勤めていたら、ある日「運」が巡ってくるのを、何となく心待ちにしているのではないでしょうか？

日頃の真面目な仕事ぶりが評価されて、ある日「昇格」の辞令を受け取る。あるいは、より面白そうな部署に異動になる。そういうことです。確かに、そういうことは起こります。しかし、そんなに頻繁には起こらないのです。

これはある人に聞いた話ですが、グーグルでは「昇進」というものは全くないそうです。

あるポジションについての求人があったら、外部からそれに応募する。自分の能力や実績がうまく売り込めて、その職にありつけたら、そこでしばらくは安泰ですが、その上のポジションに昇進することはあり得ないそうです。

上のポジションに行きたければ、今の仕事は辞めて一旦退社し、狙っていたポジションに空きができたら、それに応募して他の応募者との競争に勝ち、あらためて採用されるしかないそうです。

にわかには信じられませんでしたが、実際の体験者から聞いた話なので、多少の誇張はあるとしても、大体はそういうことなのでしょう。日本の会社の「年功序列」とはまさに正反対なので、さすがの私も少し驚きました。

しかし、日本の会社の温情的な「年功序列」の制度は、「そんなことを続けていたら、いつまでも組織としての生産性が上がらず、国際競争に勝てない」という理由で、遠からず消えていく運命にあるのでしょう。ですから、このことは今から多少なりとも意識しておいた方が良いとは思います。

とりあえず、私が働き盛りの若い方々に今アドバイスしたいのは、毎日の仕事があまり好きでないのならもちろん、仮にかなり好きであったとしても、「何となく過ぎていく毎日」に決して流されていてはいけないということです。

流されている毎日があまりに長く続いていると、それが「生涯を通しての生き方」として固定されてしまい、いつかそれを変えようとしても、もはや変えられない人間になってしまっている可能性が高くなるからです。

毎日の決まりきった仕事（それを「ルーチン」と言います）に関しても、そのやり方について一つ一つ疑いを持ち、無理にでも違ったやり方をぶつけてみるような「冒険心」

を持つことが必要です。

冒険なくしては「運」は開けないのです。

「運」が開けることとは、無理に期待する必要はありませんが、「生き方」を固定させてしまうのはできるだけ避け、何事にも自然体で、柔軟に対応できる状態に自分を保っておくことは、極めて重要だと思います。

私は、前の章で、50代の人たちに「思い切って生き方を変えてみたら？」と散々煽りましたが、若い頃から意識してそれに備えていないと、こういうアドバイスも全く通用しない人間に既になってしまっており、「良い高齢者」になれる可能性はもはやなくなってしまっているかもしれません。

別世界に触れ、そこからヒントを受ける

瞬く間に世界を席巻した「スターバックス」はどうして生まれたかをご存じですか？

この会社の誕生秘話には一つの重要なヒントが含まれているので、少し紹介しておきましょう。

現在のスターバックスの前身であるイル・ジョルナーレ社を1985年に設立したハワード・シュルツは、米国特有の簡便なコーヒースタンドや料理店などに、コーヒー豆とそれを挽《ひ》いて焙煎《ばいせん》する機械などを売る会社の、しがないセールスマンでした。

しかし、ある時彼はイタリアに出張を命じられました。そして、仕事の合間に、しばしばイタリア特有の「カフェバール」で時を過ごしましたが、その時生まれて初めて体験した「居心地の良さ」が忘れられず、「待てよ、米国には何であああいう場所がないのだろうか?」と考え始めました。

そうすると、「自分の顧客であるコーヒースタンドが、みんなあんなふうな居心地の良い場所だったら、多くの米国人がもっと幸せになれるのに」という思いが抑えられなくなり、ついに現在のスターバックスの前身になる店を自ら開店する決心をするに至ったのです。

この店が大繁盛したので、あとは同じような店を各地にどんどん作っていくだけでした。

この成功秘話には、二つの重要なファクターが含まれています。

まず、ハワード・シュルツは熱心なセールスマンでした。ですから、彼はいつも「自分の顧客であるコーヒースタンドがもっと繁盛して、もっとたくさんコーヒー豆を買ってくれたら良いのになあ」という考えが頭の片隅にあり、一時もそれを忘れることがなかったのです。

そして、第二に、彼には「居心地の良さ」というものを十分に味わえる豊かな「感性」があり、それだけでなく、そのような「居心地の良さ」を、まだそれを知らない他の米国人にも味わわせてあげたいという「優しさ（隣人愛）」のようなものがあったということです。

この二つのことが、彼の中に併存していたことがポイントであり、もしそのうちの一つがあっただけだったら、スターバックスは生まれていなかったと思います。

問題意識とぼーっとした意識を行き来する

そもそも、人間のアイデアとはどのようにして生まれてくるのでしょうか？

そのベースには、必ず、強い目的意識（問題解決を模索する意識）が存在しているのは間違いありません。

しかし、問題の解決に役立つ「思わぬアイデア」というものは、論理的に考え続けるだけでは生まれてきません。むしろ頭をぼんやりとした状態にして、全く関係のない色々なことが、何の脈絡もなく、自由に頭の中を去来する状況になっている時に生まれるのです。

無意識のうちに脳内で記憶の整理などが活発に行われているという「寝起き間際のレム睡眠中」に、そういうアイデアが生まれてくるのを、実際に体験した人も多いのではありませんか？

つまり、多くのアイデアは、複数の異質のものが交錯した時に閃《ひらめ》くと言え、そのためには「強い問題意識」と「脳をぼんやりとした状態で自由に遊ばせておく能力」の二つが必要であるとも言えます。

ですから、「仕事熱心だが、堅物ではなく、遊び心もある」人は、しばしば良いアイデアを思いつくのです。

「アイデア」はまさに「人間の脳の活動のハイライト」とも言えるものです。「人類の進歩の全ては、常に誰かのアイデアによってもたらされてきた」と言っても過言ではないでしょう。

自らアイデアを生み出す能力がなければ、あるいは人が出してきたアイデアを素直に評価する能力がなければ、何人も、自分の人生に転機をもたらすことはできません。

脳はぼんやりした状態になると、自分の中の膨大な量のメモリーをスキャンして、まとめたり並べ直したりする習性があるようです。

ですから、どこかに強い「問題意識」がデンと居座っていると、これに引っかかるものも出てきます。「思いもよらなかった解決策」はこうして生まれるのではないでしょうか?

しかし、脳がせっかくぼんやりした状態に置かれて、色々なメモリーをスキャンしてくれても、そこに蓄積されているメモリーが全てありきたりで、代わり映えのしないものばかりだったら、良いアイデアが生み出される確率は低いでしょう。

逆に、もしその人が色々なことに興味を持つ人で、なんでも体験してみたがる人だったら、その人の脳の中に蓄積されているメモリーも、おそらく多種多様なものになっているでしょうから、その人はきっと多くの優れたアイデアを生み出すでしょう。

単調な毎日に変化をつける

多くの女性が手でやっていた「縫い物」を自動化しようとする試み（ミシンと呼ばれる機械の発明と改良）は、古くから多くの人たちの手でなされてきていましたが、数多くの最も重要な発明をしたのは、1800年代の中頃にボストンで機械工をしていたエリアス・ハウという人でした。

この人は、寝ても覚めても「ミシンの改良」のことばかりを考えていたようですが、ある朝、アフリカのズールー族（自分達の居住地に侵入してきたオランダ系のボーア人との間で、当時血生臭い戦いを続けていた）の屈強な兵士に、槍を突きつけられる怖い夢を見て目が覚め、その槍の穂先になぜか穴が空いていたのを思い出しました。

「ミシンの針の先に穴を開けて、ここに糸を通す」という彼の画期的なアイデアはここで生まれたのでした。彼の頭の中で「小さな針も大きな槍も本質は同じではないか」という発想が芽生えていたが故のアイデアであり、もし彼が堅物で、遠いアフリカのことなどに何の興味も持っていなかったら、このアイデアは生まれてこなかったでしょう。

どんなに仕事熱心な人でも、別世界のことへの興味を失わないのが非常に重要だということを、この逸話は如実に示しています。

ですから皆さんも、単調な日常生活の中では特に、色々な「別世界」に常に興味を持つように努めてください。

飲み会、読書、ネットサーフィン、メタバース、対戦ゲーム、観劇（映画・テレビ）、コンサート、スポーツジム、旅行、山歩き……。

職場の外の「別世界」に触れる手段は問いません。それは単調な毎日に様々な色彩感を与えてくれるだけでなく、思いもしなかったようなところで、あなたの人生を一変させる様な幸運をもたらしてくれる可能性すらあるのです。

別世界にいる人との出会いを大切に

あなた自身が、ある日突然、別世界に飛び込めるような可能性は、実際にはそんなに多くはないでしょう。しかし、別世界に住んでいる人たちと出会うことは、現実に結構頻繁にありうることです。

もしそういう機会があなたに訪れ、そういう人たちと何らかの繋がりができたら、あなたはそういう繋がりを大切にして、その繋がりが切れないようにしておくべきです。

今はネットで多くの人たちと繋がれる機会が増えていますから、それも大切にすべきです。誰もが参加できるイベントやセミナーも多いので、そこにも色々な出会いのチャンスがあります。

あなたの友達の誰かが、誰かを知っていて、その誰かが、あなたが一度話してみたいと思っていた人と親しいというようなことも、十分にありうることです。

要するに、我々が今住んでいる現代社会には、新しい出会いの可能性が至る所に埋もれているのです。なんという「良い時代」に生まれたことでしょうか。

別世界に住んでいる人たちからあなたが学べるものは無尽蔵です。

知識の範囲（興味の対象）があなたと違っているのは当然として、考え方や物事の進め方、スピード感、何が重要で何が重要でないかの判断、そういった全てのことについて、あまりの違いの大きさにあなたはきっと当惑することでしょう。

しかし、その「当惑」こそが、長い目で見ると、きっと将来、あなたの財産になると思います。

それが、意外な形で、心理的にあなたを救うことも、もしかしたらあるかもしれません。

あなたが仕事で失敗して、打ちひしがれている時、別世界の人の目でその状況を眺めてみると、それが実はそれほど大した失敗ではなかったことに気づくかもしれません。「まあ、うまくいかなかったけど、軽傷だな」と思い直して、気が楽になることもあるでしょうし、「おかげで良い勉強ができたので、将来この禍《わざわい》が転じて福となるかもしれないぞ」と開き直るような気持ちになれるかもしれません（ちなみに、日本語の「開き直る」は大体において悪い意味で使われますが、私はこの言葉がかなり好きです。そもそも英語に直訳すれば、"be open and candid"で、むしろ良い意味になりますし、精神的な強《したた》かさを感じさせ、気持ちが沈んでいる時には、それを転換させてくれる効果もあります）。

引っ込み思案は最大の敵

わかり易い「別世界の人」の例は外国人です。外国人は必ず「別世界の人」です。あなたの常識を時折完全に覆してくれるというだけでも、外国人と付き合うことにはとても重要な意味がありますが、あなたの「英語で議論する能力」がもし十分向上していれば、その意味はさらに高まるでしょう。

外国人と英語で議論してみれば、いかに我々日本人が特殊で、「合理的でないもの」をいとも簡単に許容してしまっているかに気がつくでしょう。

外国（と言うよりも、「日本の外の世界」と言い換えた方が良いでしょう）のことを知り、そこで起こっている様々なことと関わることは、今後ますます重要になります。「英語が苦手なので」を言い訳にして、日本独特の世界に引きこもっていたら、生涯を通じてのより大きな可能性を自ら捨てているのと同じになってしまいます。

中国の「改革開放」、ベルリンの壁の崩壊、インターネットの爆発的な普及、ミュージシャンなどの国際的な活躍、等々によって、国境の壁がどんどん低くなり、「グローバル」という言葉が至る所で重みを増しつつあるのが、一昔前とはずいぶん様変わりした現在の世界です。

最近はトランプの「アメリカ・ファースト」に代表されるような「反グローバル主義」ともいうべきものが、外国人に職を奪われることを懸念する世界各国の大衆の人気を得つつありますし、少なからぬ国での独裁者による国家主義の鼓舞や、多くの地域での民族間の対立や紛争の頻発など、懸念材料も数多くありますが、それでも、「人類は皆兄弟」「国境なき世界が恒久平和をもたらす」といった理念が、大きく後退することはないでしょう。

我々日本人は、かなり特異な文化を持っており、また、それは大いに誇るに足るものでもありますが、それを過大に意識するのは禁物です。我々は常に、「世界の中の日本（世界を構成する一員である日本）」を意識すべきです。

ですから、我々は、特に将来に大きな可能性が待ち受けている若い人たちは、機会があればどんどん外国人と交流し、自らも外国に出向き、体験を重ねていく様に心がけるべきです。

どんな時でも、「引っ込み思案」が最大の敵です。

英語はいつやっても遅くない

仕事上でもそうです。日本の会社は、「何事もまず日本でやって、将来は海外にも進出」と考えることが多いようですが、この「将来」が1年後ぐらいならともかく、2、3年後というタイミングだと、手遅れになってしまう恐れが大です。

今から25年以上も前のことですが、クアルコムという米国の半導体会社の日本法人を立ち上げて、その社長を務めていた時、私はとても悔しい思いをしました。

日本では早々と市場シェア100%を達成しましたし、当時の日本の「ケータイ文化」は世界をリードしていたので、様々な新しいアプリケーションが米国本社の人たちに新鮮な驚きを与え、サンディエゴ本社の会議で私がしゃべり出すと、みんながシーンと静まりかえって熱心に聞くという状況は、私にとってもとても心地よいものでした。

しかし、肝心の半導体の売上高になると、日本は韓国の2割にも満たず、途端に肩身が狭くなったのです。

その理由は簡単でした。韓国の携帯電話機メーカーのサムスンとLGは世界中に売りまくり、従って膨大な量の半導体をクアルコムから買っていたのに対し、日本メーカーは海外ではほとんど売れず、従って半導体の購買もほとんど日本市場向けに限られてしまっていたからです。

韓国メーカーは自国の市場が小さいので、初めから「海外で売れなければ工場が立ち行かない」と覚悟を決め、不退転の覚悟で海外市場に打って出たのに対し、日本メーカーは、日本市場の先進性と製品の品質の高さにプライドを持ちすぎ、海外の顧客を見下す姿勢がありました。

ですから、「値段を大幅に下げてくれなければ買えない」と言われただけで、意気阻《そ》喪《そう》して簡単に諦め、気がついてみれば、世界の大勢に大きく遅れをとってしまったのです。

市場のニーズは国によってもちろん異なりますが、一般的に言えば、世界市場は日本市場の10倍以上はあります。どんな時でも、このことは一時も忘れるべきではないのです。

どうすれば、海外のことに引っ込み思案にならずに済むのでしょうか？

答えは簡単です。英語に強くなることです。たかが英語、されど英語です（なぜ英語なんだ？　なぜスペイン語じゃあないんだ？　なぜ中国語じゃあないんだ？　と反発される方もいるかもしれませんが、英語は今や多くの国の人たちにとって「世界語」になっているので、我慢してください）。

駅前の英会話教室はもちろん、最近は、ネットでネイティブの先生が、ワン・トゥー・ワンで丁寧に、しかも格安で教えてくれます。若い人たちは、こういうのをどんどん利用していくべきです。

その結果、ある程度できるようになれば、腕試しもしたくなるでしょうから、格安の航空券を探して、休暇を取り、ぶらりと一人旅に出るべきです（一人旅ではなく、友達と2人というのでもいいでしょうが、団体ツアーでは意味がありません）。

それだけでも、ずいぶん違った世界が見えてきます。今の仕事が何であれ、やらない手はありません。

組織に卑屈になる必要はない

この本を読んで頂いている人の多くは、おそらくは会社勤めをしている人でしょう。ですから、その毎日が、まずは会社との関係で始まるのは当然です。

会社との関係の濃密度は、人によって様々でしょうが、本気で会社のためを考えない人は、やはりあまり尊敬はされないでしょう。

団体スポーツでは「フォア・ザ・チーム」は当たり前で、個人の成績の方を大切にするような選手は歓迎されませんから、それと同じ感覚で働くのも異とするには足りません。

人類の祖先は狼と同じ様に「群れ」で狩りをしていましたから、「群れ」の中で役割を果たせない人や、団結を乱す人は、追放の憂き目を見ても仕方ないのです。

そして「群れ」から追放されてしまうと、生きていくこと自体が、とても難しくなるのです。

しかし、この様な「個人」と「所属する団体（会社や国家）」との関係は、しばしば理不尽なレベルまで変貌することがあります。

戦時中の日本では、「国家（天皇陛下）のために命を犠牲にする覚悟を持つ」ことが、国民として当然だと考えられており、「滅私奉公」は、ごく当たり前の日常のスローガンでした。

敗戦と同時に、多くの国民は「夢から覚めたかのように」この感覚から解き放たれましたが、「個人主義（国家や社会よりも各人の利益を第一に考える考え方）」は、そんなに簡単には浸透しませんでしたし、今もあまり浸透しているとは思えません。

昔ながらの伝統を受け継いで、会社や組織との関係に「滅私奉公」の精神を求める人は、どんな組織の中でも、今なお相当数います。

団体や組織が、それに忠誠を尽くす個人に「見返り」として与えるものが、かなり大きいのも事実です。

私自身は、「国家主義」や「社会主義」に共感を持つことは少なく、性格的にも「従順な羊」には程遠くて、どちらかといえば「一匹狼」で生きていきたい（生きていける）と考えるタイプですが、それでも、所属する団体（会社や国家）から受けた恩恵は、率直にかつ正当に評価し、いつも有難く思ってきました。また、海外にいる時には特に、日本国のパスポートの有難さを、常に身をもって感じていました。

56歳で伊藤忠を辞めて独立し、茨の道を覚悟しながら、とりあえずコンサルタントで日々の生計を立てていた時には、契約のほとんどは1年契約でしたから、いつも薄氷を踏む思いでした。

しばらくして、顧客のうちの一社だったクアルコムが日本法人を作ることになり、その社長になって最初の月給を受け取った時には、正直言ってホッとして、「やっぱりサラリーマンはいいなあ」としみじみと思ったことを、正直に告白しておかねばなりません。

しかし、自分が所属する組織（会社など）から受ける恩恵に感謝するのと、その組織（会社など）に対して卑屈になったり、その言いなりになったりするのとは、全く別のことです。

あなたはあくまであなた自身、どこに従属しているわけでもありません。

会社はあなたが役に立つと思って採用したのであり、あなたはそれが自分のために良いと思って入社したのです。

要するに、両者が「対等の立場」で色々考えた結果として、あなたの入社が決まったのであり、その結果として、あなたは今「会社が求める仕事」をこなしているのです。

あなたとあなたの会社は、いわば契約関係にあるのであり、その関係は対等です。いや、対等以上にあなたにとって有利です。

なぜなら、あなたは気が向かなければいつでも会社を辞めることができるのに対し、会社はあなたを簡単にはクビにできないからです。

会社にうんざりしたらすべきこと

あなたと会社の関係は、良好であればあるほどいいに決まっています。良好な関係とは、会社は（正確には「あなたの上司は」と言った方がいいでしょう）、あなたの働きぶりに満足しており、あなたは、会社が（正確には「あなたの上司が」）好きで、会社のあなたに対する待遇に満足しているということです。

また、あなたと会社の関係は、濃密であるほどいいでしょう。「あなたと会社の関係が濃密である」というのは「その目標とするところが一致している」ことを意味します。目標とは、例えば「格好いい車を作る」とか、「どこにいても必ず快適に反応するスマホを売る」とか、「正確な天気予報を出す」とか「面白いテレビ番組を作る」とかです。あなたが今やっている仕事が、たとえ直接にはほとんど無関係であっても、「それが回り回ってこういった目標の達成に繋がっていくのだ」ということが少しでも感じられていれば、それだけで十分だと思います。

関係が緊密なら、あなたと会社の一体感は高まり、それは必ず、あなたの毎日の幸福感に繋がるでしょう。

しかし、現実には、世の中はそんなに都合良くはできておらず、あなたと会社との関係は、あまり良好ではなかったり、ちっとも濃密ではなかったりします。

そんな時、あなたはきっと、「この会社にずっと勤めて、今のような生活をズルズル続けていて良いのだろうか」と思うでしょう。

会社の全てが好きになれなかったり、上司が心底腹立たしかったりした時には、この思いはさらに高まってくるはずです。そんな時はどうすれば良いか？ 私のアドバイスはいつも通り至極簡単明瞭です。
「泣き寝入り」以外のすべての選択肢を試すこと。

具体的には、生意気と思われるのを覚悟で「配置転換」を求めるとか、思い切って「転職」するとかです。

昔は、職を転々とする人は、「会社に対する忠誠心がない」従って「望ましくない」人物として、ネガティブに見られることが多かったのですが、今はそんなことはありません。

外国の会社がそうであるように、今は日本の会社の多くも、「毎年4月に一律に学卒を採用して、自社のやり方で、自社にとって都合のいい社員へと育てていく」という、日本独特の人事政策を転換しつつあります。

新しい事業が新しい職場を作り出し、そこに上手くハマる人材が必要になったのなら、社内だけでそういう人材を求めるのではなく、広く社外に門戸を開いた方がよいのは当然だからです。そして、今は、多くの「転職」がスムーズに行われるのを助ける「システムや企業」も、数多く存在しています。

多くの職場を渡り歩く人は、「忍耐力がない身勝手な人物」であるわけでは決してありません。

「常に上を目指している人」かもしれないし、「常に新しい挑戦をしたい人」かもしれません。冒険心があり、人見知りせず、決断が早い人であることは間違いありません。

そして、こういう人は、高齢者になってもあまり困ることはないと思います。私が望むような「良い高齢者」の候補者は、こういう人たちの中に数多くいるような気がします。

今の仕事には決して手を抜くな

最後に一つだけ付け加えたいことがあります。

それは、「どんな時にも、今の仕事には決して手を抜くな」ということです。

先に、「上司の無意味な要求」に対する対応に関連して、一つだけ例外のケースについて書きましたが、そういうケースを除けば、私はこれが「仕事をするにあたって必ず心がけるべき大原則」だと思っています。

たとえ、あなたが今の職場にほとほと嫌気がさしていて、1日も早く転職したいと考えていたとしてもです。

この本の冒頭に、私は自分が伊藤忠の新入社員だった時のことを語り、「あいつはちょっと面倒くさい奴だが、仕事はできるな」と思われたいために、とにかく一生懸命に働いたということを書きました。

それは「会社（上司）と意見が違って、やり合わなければならないような事態に直面しても、恐れずやり合えるようにしておきたい」という気持ちがあったからでした。

私は、今の若い人たちにも、そのことを訴えたいと思います。

人間には、しばしば、どうしても戦わなければならない時があるはずです。

その時のために、今できることは、何でも手を抜かずにやっておくべきだと、私はいつも思っています。

そういうことの蓄積が、きっとその時の心の支えになると思うからです。

生きる価値は自分で決める

つい最近まで、あいつは「勝ち組」だとか、自分は「負け組」だ（こんな自分に誰がした）というような会話をしばしば耳にしました。そして、その多くは、私をいつも著しく不愉快にしました。

そもそも、人生は勝ったり負けたりするものではありません。「勝ち負け」ははっきりとした一つの「結果」ですが、人生は「結果」ではないし、誰にとってもいつまでもはっきりした評価のできないものです。

今生きていることの価値は、人それぞれが感じることであり、他人がとやかくいうものではありませんし、将来のことは誰もわかりません。

世にいう「勝ち組」とはどういう人たちでしょうか？

まず運よく「親ガチャ」に当たり、子供時代を不自由なく過ごし、良い塾にも通えて、大学受験がうまくいき、一流とみなされる大学が卒業できたので、結果として一流とみなされる会社や官公庁（昔と様変わりで最近は人気低迷ですが）に正規雇用で就職でき、年収が高く、会社が倒産するリスクも少ないので、望んだ結婚相手に受け入れられる可能性も高い。

これに対して「負け組」は全てに正反対で、色々な理由が重なって、就職できたのは先行きの怪しい企業だったり、親会社から見下される関連企業だったり、下請けのまた下請けの孫請けで糊口《ここう》を凌《しの》ぐ零細企業だったり、果ては毎日理不尽がまかり通るブラック企業であったりします。

確かにこの差は大きいですね。しかし、これは勝ったか負けたかの問題ではなく、とりあえず、少し運が良かったか悪かったかだけの問題です。

世界で一番重要なのは、もちろん「自分」です。

「生きる価値」はもちろん自分で決めるものです。

人にとやかく言ってもらうのはご免被りましょう。ましてや、人のことを「負け組」などと呼んで蔑む連中など、眼中におく必要もありません。

高卒だったキーエンス創業者

まず「勝ち組」と「負け組」を分けたい人が一番重視するのは「学歴」のようですが、これは「生きる価値」を高める上では、多くの人が考えているほどの大きなファクターにはなりません。

なるほど、多くの企業では採用に関して学歴を重視します。ほとんどの企業では、採用した各人が大学で履修したことなどはほとんど当てにしていませんが、応募者が一流大学を卒業していれば、第一に「地頭は悪くないはず」という安心感があり、第二に、バカバカしい程の受験勉強にも耐えたということは「将来のことを考える常識を備え、忍耐力もある」という証左なので、安心して採用できるのです。

しかし、それだけのことです。あとは全て入社後の実績次第です。

「仕事」が好きな人や、生きていく中で「仕事」というものを重視する人なら、誰しもが、自分が手がけた仕事である程度は大きな成果をあげたいでしょう。そして、仕事の成果は、全てではありませんが、かなり多くの場合金銭で評価されます。

ですから、話を簡単にするために敢えて言うなら、長者番付に載るような人は間違いなく仕事で大きな成果をあげた人です。そこで、フォーブスジャパンが公表した2023年版の「日本長者番付」を見てみましょう。

最終学歴が「高卒」の人が、何と上位50人中11人を占めているのです。この事実を「勝ち組・負け組」論者たちはどう説明するのでしょうか?

長者番付第1位のユニクロの柳井さんは、子供の頃はまあボンボンの部類で、大学も一流校の早稲田大学ですが、前出の第2位の滝崎武光さん（キーエンスの創業者）は、兵庫県立の尼崎工業高校卒です。

私は滝崎さんとは御面識はありませんが、話を聞くだけで頭の下がる思いです。彼は塾通いなどしたことはなく、工業高校を出て町工場に就職したのですから、「勝ち組・負け組」論者たちなら躊躇《ちゅうちょ》せず「負け組」に分類するでしょう。

しかし、この人は「正しい心」と「適切な判断力」を持ち、目の前にある仕事をすべて合理的に完璧にこなし、常に細やかに周囲に目を配り、常に上を目指し、創意工夫し、やるべきことをやり、やってはならないことをやらず、ついに世界に冠たるキーエンスを「自分がいなくても誰でも経営できる会社」へと育て上げたのです。

彼が「勝ち組」の中の「勝ち組」であることに、異論を唱える人がいるでしょうか？

老後の生活の質で人生は逆転できる

勤め先に恵まれず（あるいは上司に恵まれず）、今はたまたま悲惨な生活を強いられている人たちに対しては、私は声を大にして言いたいと思います。

「あなたは決して『負け組』なんかじゃありません。世の中は急速に変わりつつありますし、もしかしたら思わぬ幸運が巡ってくるかもしれません。常に『正しい心』を持ち、全てを合理的に考え、機会があればいつでも俊敏に動けるように準備しておきましょう。そうすれば、老後の生活の質で『逆転』ということも十分あり得ます」

逆に「自分は勝ち組だな」と思って、少しいい気になっている人がいたら、私は忠告します。

「世の中は急速に変わりつつありますよ。今の状況がいつまでも続くとは思わない方が良いでしょう。しかも老後は長い。現在の状況の本質を見抜き、将来を予測し、原点に戻って、長い老後の生き方を考え始めておいた方がいいですよ」と。

若い時は「勢いに乗る」ことが必要です。目立ちたい気持ちゃ、虚栄心があるのも当然です。斬新なアイデアで一山当てて、思いもかけぬ大金を手にし、派手に使って経済を活性化してくれたら、私も率直に「偉いな。有難うさん」と称賛するのにやぶさかではありません。

でも、そういう人たちが「自分は勝ち組」などと嘯《うそぶ》いて、普通に生きている人たちを馬鹿にしたら、私は少しムカつきます。

第6章　デジタル・ＡＩはシニアの救世主

なぜ高齢者はデジタルが嫌いなのか?

この本の第2章で「老害三原則」というものについて語った時、私はその第3項に高齢者によく見られる「デジタル敵視」というものを挙げましたが、その内容については一切触れませんでした。それは、この問題は別の章でじっくり語った方が良いと思ったからです。この章がまさにその章です。

なぜ私がこのことをそれ程までにも重視するかといえば、それは、「高齢者のデジタル嫌い程とんでもない過ちはない」と、私が心から思っているからです。

デジタル革命は、全ての人たちの生活を根底から変えてしまうほどの威力を秘めていますが、最大の受益者はどう考えてみても高齢者です。その理由は明快です。

デジタル化は、何よりも「身体能力」と「精神生活の充実」の相関関係を希薄にして、足腰が極端に弱ってきて、何をやっても疲れやすくなってしまった高齢者にも、若い頃と同じような学習能力を与えるとともに、多くの楽しみも与えてくれるからです。

若い人たちは、デジタルの力を借りなくても、自分の体を動かすことによって色々なことを学んだり、楽しんだりすることができますが、高齢者になると、デジタルの力を借りなければ、とてもできないことがだんだんと増えていきます。

にもかかわらず、多くの高齢者は「デジタル」が嫌いです。

そもそも「デジタル」という言葉自体が何を意味するかがわからないのです。ましてや「我が社のDX（デジタル・トランスフォーメーション）は道半ばだ（だからもっと急がねばならない）」などと言われると、もうお手上げです。ですから癪《しゃく》にもさわります。

人間は、知らないもの、理解できないものに、恐怖心や敵愾心《てきがいしん》を持つ生物ですから、これは仕方ありません。

しかし、癪にさわると、自分が近づきたくなくなるだけでなく、できれば他人にもやめさせたくなるのが人の常ですから、これは悲劇を呼びます。

つい最近までは、部下がコンピューターで計算された結果を報告すると、「面倒くさがらずに、ちゃんと電卓で検算もしておけよ」と言う上司がいたそうですから、恐ろしい話です（今でも「ちゃんとFAXでも送っておけよ」という上司は時折いるようです）。

ざっくりわかるデジタル用語

最初に「デジタル表示の時計」が出てきた時は、理解は容易でした。「時間というものは、昔からずっと、右回りに動く短い針と長い針の組み合わせで表示されてきたのに、最近は数字で表示されるようになった。わかりやすし、格好いいね」で済みました。

ですから、長い間、「デジタルとは数字で表示されることだ」と理解していた人も多かったのです。これは「当たらずとも遠からず」でした。「デジタル」の定義としては、「コンピューターを使って目的を達成すること」というのが一番わかり易いと思いますが、「コンピューター」とは、「入力（インプット）された全ての事象を、一旦『0』と『1』の数字に置き換えて、『0』なら電気を通さず、『1』なら電気を通す仕組み（半導体）を使い、これをベースとして種々の仕事をこなし、必要に応じて出力（アウトプット）する装置」と定義され得るので、これで話は繋がります。

そこから一歩進みましょう。コンピューターと並んで「デジタル」システムの中核を担い、現在我々の毎日を大きく変えつつあるのが、「ネットワーク」です。「ネットワーク」とは本来、「多くの異なったものが何らかの形で繫がれて一体として動くようになっていること」を意味しますが、現在この中核になっているのは「インターネット（最近は単に「ネット」と呼ばれることの方が多くなりました）で、これが一昔前までの郵便システムと電信・電話のほとんどを代替するに至っています。

「インターネット」は、コンピューターとコンピューターを通信回線で結合させる仕組みのことを言いますが、この「通信回線」には、電話線や光ケーブルのような「有線」のシステムと、4Gとか5Gとかいった携帯電話システムやWiFiのような「無線」のシステムがあります。

インターネットは世界中をくまなくカバーして網の目のように繫がっていますので、「ワールドワイドウェブ（www）」と（あるいは、単に「ウェブ」と）呼ばれています。

「サイバー」というおどろおどろしい感じのする言葉もよく使われますが、これは「サイバネティクス」という学問の分野を示す言葉から派生したもので、「コンピューターの」とか「インターネットの」とかいう言葉に置き換えて全く差し支えありません。

「サイバー・テロ」とは、コンピューターやインターネットを使う、あるいはそれを標的にした、テロのことを言います。「サイバー・セキュリティー」とは、それに対する防御のことを言います。

「バーチャル」という言葉もよく使われますが、これは「現実にないものを仮想的に（観念的に）作り出す」ことを意味します。

デジタル技術が「何を可能にするか」だけは理解する

まあ、この辺のところまでなら、どんな人でも「ああ、そうだったのか」と理解して、スッキリして頂けると思いますが、世の中にはここに例示した言葉の数百倍ものカタカナの言葉が氾濫しているので、普通の人はとてもついていけません。

サーバー、クライアント、プロセス、メモリー、クロック、ビット、バイト、バイナリー、シンクロナス、アシンクロナス、ナンド、ノア、モジュレーション、ミドルウェア、ファームウエア、アーキテクチャー、オペレーションシステム（OS）、アプリケーション、プログラミング、コーディング、ログ、フラッグ、バグ、デバッグ、ユビキタス、エッジコンピューティング、ノード、ハブ、クラウド、アドレス、URL、ブロックチェーン、セルフラーニング（自己学習）、ジェネレーティブ（生成）ＡＩ、メタデータ、メタバース……。

新しいカタカナ言葉は毎日のように増殖し、止まるところを知りません。さらにこれから、量子力学（クォンタム）をベースとした技術がこの世界を抜本的に変え始めるとなると、この世界の複雑さはさらに倍加するでしょう。

この世界で仕事をしている人以外は誰でもが、「ああ、もう勘弁してくれ」と言いたくなるでしょう。

そうです。勘弁してもらいましょう。一般人はこういうものをいちいち理解する必要はなく、「自分にはわからない世界」と片付けてしまっても、一向に差し支えないと思います。

ただし、「そういう技術がどういうことを可能にするか」だけは、しっかり理解しておくことが絶対に必要です。

それから、特に高齢者の方には、私からの切なるお願いが一つあります。「あんなもの、俺は絶対にやらないぞ」と嘯くのは一向に構いませんが、他の人がその世界に積極的に関与していくのを邪魔することだけは、絶対にしないで欲しいのです。

最後に一言。あなたが素人であることを知りながら、先に羅列した様なカタカナ言葉をベラベラと捲《まく》し立てる「技術者」らしき人間は、あまり信じてはいけません。

こういう人たちは、実は「技術の本質」を自分でもあまりわかっておらず、上っ面の言葉だけで自分を偉く見せようとしているケースが多いからです。

私の経験では、本当にわかっている人は、素人に対してはとてもわかりやすく説明してくれます。「技術の本質」というものは、案外「素朴」なもので、うまく説明してもらえば、素人にもある程度納得できるものが多いのです。

現在のパソコンはシニアに不親切

このように、デジタルの世界での動きがあまりに速く、かつダイナミックなために、多くの人たち、特に高齢の人たちが、ついていけないのはやむを得ないことではありますが、その一方で、この章の冒頭にも書きましたように、デジタル技術ほど体力の衰えた高齢者の味方となりうるものもないのです。

ところが、この様な高齢者向けのサービスは、技術的には今すぐでも実現できるにもかかわらず、実際にはその多くは未だに実現していません。

これはサプライヤー側に責任があるというか、サプライヤー側が、先進技術分野で先へ先へと進んでいくのに熱心すぎるあまりに、「枯れた技術の使い勝手をよくすることによって、巨大な潜在市場を開拓する」ということに、あまり興味を持っていないからでしょう。

それ故に、多くの人たち（特に高齢者）が、パソコンやタブレットやスマホを使うにあたって、入り口のところで挫折してしまうのです。あるいは、どこかでトラブルに遭遇し、その解決方法が見当もつかないために、そこですっかり意気阻喪してしまい、その後は、こういう目に遭わないように、極端に臆病になってしまうのです。

これは決して高齢者の責任ではありません。全てパソコン屋さんの責任です。

そもそも、パソコンやタブレットやスマホのユーザー・インターフェイス（画面表示や、どんな操作をすると目的が達成できるかの手順）を決めているのは、その機器について一般の利用者とはかけ離れたレベルの知識をもっている設計者自身です。

ですから、何を聞かれても、「え？　こうすればこう動くでしょう。簡単じゃん」となってしまいます。

しかし、一般利用者から見ると、画面にでてくる言葉自体が、そんな必要は全くないのに、意味もなく専門的で、難解なのです。

銀行のＡＴＭや駅の券売機は、できることが限られていることもあり、また高齢の利用者も十分意識していることもあってか、かなりわかり易くできていますが、これらはむしろ例外的です。

最近は、高齢者にとっても生活必需品になっている「携帯電話」が、パソコンとほぼ同レベルの能力を持った「スマホ」になったこともあり、スマホのユーザー・インターフェースはかなり良くなりましたが、パソコンの場合は、まだまだ問題があります。

ソフトバンクの〝CSO〟として

私は、ソフトバンクの副社長として雇ってもらった時に、「役職の英語表示にＣ（Chief）が入っていないと外国人に相手にされない」という理由で、ＣＳＯ（Chief

Strategy Officer）という肩書を使わせてもらうことにしましたが、これは日本語に訳せば「最高戦略責任者」になります。

しかし、ソフトバンクの「最高責任者」は、孫正義さんをおいては他には存在し得ませんから、これでは完全なフェークになってしまいます。

そこで私は、英語表示はCSOとしても、その意味は「Chief Stupid（バカ）Officer」であると言えるように、本当にそういう役職を作り、自らその責を負うということを、本気で提案しようと思いました。

結局、私は根性が足らず、このグッドアイデアは実現しませんでしたが、もし実現していたら、画期的なものだったと思うので、今でも残念です。

私が考えたChief Stupid Officer（CSO）の仕事は、自ら「最もバカな（不器用な）利用者」になりきり、全ての携帯端末のユーザー・インターフェースを、そういう利用者の立場からチェックして、出荷して良いかどうかを決めるという仕事でした。

後にドコモが売り出してロングセラーとなった富士通製の「らくらくホン」は、これに近いものでしたが、私の考えは、設計自体を変えるのではなく、ユーザー・インターフェースの一部だけを変えるというものです。

具体的には、「使いこなせる人は全ての機能にフルにアクセスできるが、使いこなせない（使いたくない）ユーザーは、そのようにユーザー登録をすれば、面倒な画面や表示が隠されて表に出てこない。あるいは、色々なオプションを提示するのはやめて、一つの目的のための操作は一つに絞り、不要な表示は全て消す」というものでした。

最低限の性能のパソコンを持てば十分

さて、本題に戻りましょう。私が高齢者の皆さんにお勧めするのは、やはりデスクトップのパソコンです。

理由は単純で、画面が大きくて、ゆったりとした感じで操作ができるからに過ぎません。

もう自分でコーディングをするなどということはないのですから、性能は最低限でよく、例えば米国の学生が使っているクロームブック（グーグルが開発したパソコン）のようなもので十分でしょう（ネット環境が悪いところではこういうものは使えませんが、日本なら概ね大丈夫です)。

今やどんな人でもスマホを持っていて、日常生活にはそれで十分ですが、私がお勧めしているように、まだまだどんどん学び、ガンガン仕事をして、その上、多くの映像や音楽などを楽しもうとなると、画面の小さなスマホでは辛いものです。

読書も、紙の本では次第に読み難くなりますから、パソコンの大画面で、字を大きくして、適当な輝度を選んで読む方がいいでしょう。

働き盛りの頃は、子供たちが(場合によれば祖父や祖母も)同居していて、自宅のスペースは絶望的に手狭だったと思いますが、ある時期から夫婦2人だけという状況に戻るケースが多く、そうなると、パソコンに向かってゆったりとした時間を過ごすことも可能になるでしょう。

最後に、これはこの本の主題とはかけ離れた「全くの蛇足」ではありますが、「現在のパソコンが十分に使いこなされていないのは、ユーザーの責任ではなくメーカーの責任」と言い切ってしまった関係上、私としてはやはりパソコンメーカーさんに、次のことだけはお願いしておきたいと思います。

1）立ち上げから毎日のトラブルシューティングまで、つきっきりでサポートする

2）サポートの費用はパソコンのコストに含める。パソコン自体の性能は最低限に抑えるので、サポートコストはこれで賄える

3）方法はもちろん「遠隔サポート」で、ユーザーとサポーターが、ユーザーのパソコンを一緒に操作しながら、必要な基本操作を教え、全ての問題を解決する

4）サポートへの人間の関与は最小限に抑え、生成ＡＩ、音声応答、等々の最新技術を目一杯駆使する（できれば最初からユーザーが選んだアバターがサポートする形にするのが良い）

5）最初にユーザーのレベルとニーズを申告してもらって、画面には、常に必要最小限のものしか表示されないようにセットする

6）金銭的に余裕のあるユーザーには、頻繁にアクセスするサイトでは、全ての広告を削除するオプションを選択することを勧める

デジタルを駆使すれば、どんどん学べる

この本の冒頭でも申し上げたように、私は「学び」と「仕事」の境界線は曖昧で、同じ一つのものの異なった側面であると思っています。

一つの目的を達成するための「仕事」をこなすには「学び」が不可欠ですし、「仕事」と結びつくという思いは「学び」に対する意欲を高めます。

「仕事」と「学び」は、ある程度の苦痛を伴うことがあるという点でも似ていますが、見返りとして得られるものが大きいという点も共通です。

そもそも「仕事」とは何でしょうか？

それは、目標を設定し、仕事仲間たち（同じ会社の上司、同僚、部下や、パートナーや取引先の担当者たち）との分担（それぞれの責任範囲）を定め、目標を達成するためには何が必要かを考え、調査（データの検索がほとんどでしょう）をし、自分の頭で色々と考え、とことんまで知恵を絞り、色々な人に接触して意見や協力を求め、あるいは、その人たちと交渉して何らかの約束事を取り交わしたりすることです。

その過程の中で、情報を整理するために計算をしたり、作表したり、プレゼンテーション用の文書やスライドパッケージを作成することもあるでしょう。

こういう「仕事」をこなすためには、自分が物理的に動き回る必要も時には生じるかもしれませんが、ほとんどの仕事は、目の前に「ネットに繋がったパソコン」さえあれば、居ながらにしてできるようになったのが、現在の嬉しい状況です。

全ての「仕事」の最も大切な部分はコミュニケーションですが、今やこれは、実際に相手を訪問しなくても、お互いのパソコンを介して（リモートで）問題なくできるのです。

もちろん、実際に相手に会って、握手したり、肩を抱いたりすれば、親近感は増しますが、それは、遠隔でもできる「視覚（映像）と聴覚（音声）によるコミュニケーション」に、ほんの少しの色合いを添える程度のものでしょう。

あなたから接触された側の相手も、あなたにオフィスまで訪ねてこられるよりも、オンラインミーティングで話が済ませられれば、その方が楽でしょうし、違う場所にいる複数の人が一堂に会するのは、これで格段に容易になります。

資料もお互いに画面に映し出すだけで済みますから、あなたのパソコンを相手の会議室のディスプレイに繋ぎ込もうとして、インターフェースが合わないとかなんとかで、四苦八苦することもなくなります。

コミュニケーションも、難しい仕事も支障なくこなせる

コロナ禍は、世界中に、そして日本にも、とてつもない災厄をもたらしましたが、一つだけ良い貢献をしました。多くの人たちが、社内外の色々な人たちと遠隔でコミュニケーションをして、多くの仕事を片付けることができるのに目覚めたのです。

毎朝定刻に、満員電車に揺られて通勤する必要も、実はそんなになかったのだということにも気がつきました。もちろん、安価で使いやすい遠隔会議システムをタイムリーに普及させたzoom社等の貢献も特筆すべきでしょう。

私は長い間、声を大にして遠隔会議システムの重要性を強調してきていましたが、システムの使い勝手が悪かったり、べらぼうに高くついたりしていたのが、大きなネックでした。しかし、zoomが登場した後は、他社も次々に本気を出してくれるようになり、

その問題はほとんどなくなりました。

そして、この恩恵を最も大きく享受したのは、おそらく高齢者でしょう。

高齢者は、知識と経験では若い人たちにひけは取らなくても、体力となると残念ながらボロ負けです。もう昔のように、階段を駆け上がったり、電車に飛び乗ったりすることはできません。しかし、遠隔ミーティングなら、そんな必要はそもそもないのです。「必要な時にだけ登場すれば良い。だから定刻に出勤することなど不要」というのも、高齢者にとってはとても有り難いことです。

若い人たちにとっては、「オフィスの中で群れていて、色々な人たちとランダムに交流する（色々な人に自分の存在を知ってもらう）」というのは、新しい組織の中に溶け込むためにはかなり有効な手段なのですが、高齢者にとっては、「特に用事もないのに、群れの中にポツンと座っている」というのは、苦痛以外の何ものでもありません。下手に交流しようとすれば、何となくウザいなあと、嫌がられるだけです。

「調べ物」もそうです。これまでだと、大体そういう仕事は若い人に押し付けて、「いついつまでにレポートを出してくれ」と命令し、出てきたレポートには大体満足できないのが普通なので、色々とイチャモンをつけて、若い人たちから嫌がられるというパターンでした。

しかし、最近は多くの検索サイトがそこそこに充実してきたので、自分自身で調べられます（現状では検索サイトの多くが玉石混交な上に、広告や誘導だらけで、苛々が募るのはいかんともできませんが、そのうちには、何とかなるでしょう）。

これからさらに期待できるのは、当然、昨今その躍進が著しい「生成ＡＩ」です。この優れものが、どんな駆け出し社員よりも遥かに有能なのは言を俟《ま》ちません。

この「生成ＡＩ」のおかげで、多くの中堅社員は、もはや若いアシスタントを必要とせず、なんでも一人でできる様になるでしょう。

「仕事」をする上での大きな負担であった「人事管理」という「仕事」が、これによって急速に減少していくのも、既に目に見えています。

そして、あなた自身も、当然その受益者の一人です。

老後の楽しみはデジタルが叶えてくれる

前項の説明で、デジタルの最大の受益者が、「仕事をしたい高齢者」や「もっと学びたい高齢者」であるということについては、ある程度ご理解いただけたと思いますが、私は、さらに一歩進んで、それが高齢者の「生きている価値」そのものを、劇的に増やすということについても、ここでお話ししておきたいと思っています。

しかし、このことについて語る前には、「ＡＩ（アーティフィシャル・インテリジェンス――人工知能）」と「ＶＲ（バーチャル・リアリティ――仮想現実）」という二つの技術について、少し解説しておくことが必要でしょう。

なぜなら、この二つこそが、デジタルと総称される様々な技術の中でも、高齢者の余生を豊かにするためにとりわけ重要だと思うからです。

ＡＩ（特に昨今脚光を浴びつつある生成ＡＩ）については、すでに多くのことが語られていますから、重複は避けたいと思いますが、この技術の根幹は「人間の脳が持つ能力のうち知性（理性）に類するものは、全てコンピューターで代替でき、しかもその能力レベルは、実際の人間のそれを遥かに超える」という「確信」に根ざしています。

そして、さらに重要なのは、「AIを作り出すものは人間の知性なのだから、それもAIで代替できる。つまり、AI自身が、どんどん新しい自分自身（AI）を作っていける」ということです。

これはどういうことかといえば、「人間は何もしなくても、周りがどんどん勝手に変わっていくし、そのスピードは半端ではない」ということです。

おそらく、これから10年のうちに起こる変化は、過去の50年ぐらいで起こった変化に匹敵し、さらにその後の10年では、その変化の度合いはさらに早まるでしょう。

これは少し怖いことでもありますが、好奇心の強い人たちにとっては、とても大きな楽しみでもあります。

「VR」の方は、「AI」に比べれば大した話ではありませんが、「人間の視聴覚の対象を、時空を超えて拡大する」という点で、かなり大きな意味を持っています。

人間の脳内活動の上で、「理性」と並んで、恐らくそれ以上の重要性をもっていると思われる「感性（感情）」は、「感覚（五感）」から派生するものです。「感覚」がなければ「感情」も生まれません。

そして、その「感覚」のうちで特に重要なのは、間違いなく「視聴覚」です。それ故、人間は早くからこれを対象とした「芸術」というものを作り出しました。人間の生存を支える食欲にも、「味覚」や「嗅覚」と並んで関与していますし、遺伝子の保存を支える性欲にも、「触覚」と並んで関与しています。

人間が実際に視たり聴いたりするものは限られていますが、人間はそのうちの一部を、絵を描いたり、彫刻を作ったり、楽器を鳴らしたり、歌を歌ったり、口真似をしたりすることによって、時空を超えて再現しようとします。

そして、そのうちに、蓄音機とかラジオとか、写真とか映画とかテレビとかの技術を生み出し、これをもっと大規模に行うようにもなりました。こういうものは全て、広義の「VR」です。

また、人間は、現実にあるものの再現だけでは飽き足らず、現実には存在しないものを、想像によって作り出そうともしました。昔からある宗教画、写実画に変わる抽象画、さまざま楽器を使っての「演奏」や、楽器を使わないで創る「電子音楽」、それからほとんどの映画や演劇がそれにあたります。

これらは全て、広義の「ＡＲ（オーグメンテッド・リアリティ――拡張現実）」と呼んでも良いでしょう。新しいデジタル技術は、これらの全てを、別次元のレベルまで高度化してくれることになると思います。その鍵は、あなたの視聴覚があなたの身体の動きに対応することです。それ故にあなたは、あなたの周囲が全て、その様な仮想現実に置き換えられているかのように錯覚するのです。

こんな未来を体験したくはありませんか？

それでは、この様に進化した将来のＡＩやＶＲが、高齢者になったあなたの毎日を、実際にどの様に変えていくかを想像してみましょう。

高齢になり、体を動かすことがままならなくなったあなたは、その副産物として二つの問題を抱えます。一つは「孤独」であり、一つは「目と耳から入る刺激の減少」です。

しかし、ご安心ください。進化した「ＡＩ」と「ＶＲ」のおかげで、あなたの毎日はそんなに悪いものにはならないでしょう。

毎朝、あなたは、起きるとすぐにパソコンに向かいます。そうすると、画面にあなたが選んだアバター（性別、年齢、容貌、声、仕草は、全てあなたの希望した通りになっています）が現れ、今日の天気や予定されているスケジュール、特筆すべきニュースなどを伝え、あなたの指示を仰ぎます。こうして、あなたの一日が始まります。

あなたが選んだアバターは、この上なく有能で、忠実で、愛すべきアシスタント（秘書）であり、アドバイザーであり、パートナーです。何事も彼女（または彼）に相談すれば、万事スムーズに動きます。

知りたいことは、あなた自身が色々なサイトを探し回らなくても、一発で答えてくれますし、深く掘り下げたければ、どんな詳細な情報にまでも進んでいけます。あなたの全ての質問には、いつも丁寧にわかりやすく答えてくれます。会いたい人がいれば、アポイントが取れるように、色々手を尽くしてくれます（もちろん「それは無理ですよ」とたしなめられることもしばしばあるでしょうが）。

「今日は息抜きに何をしようかなあ」と尋ねれば、訪れるべき場所や、参加すべきイベントや、見るべき映画や、読むべき本や、やるべきゲームなどを、色々勧めてくれます。

旅行に行きたければ、その計画も立ててくれるし、必要な予約などもしてくれます。

世界中でこれまでに書かれた本や作られた映像や音楽は、全てアーカイブで検索でき、有料または無料で、いつでも読んだり、観たり、聴いたりすることができます。

今は亡き友人や昔の家族に会いたければ、元気だった頃の姿を映像で呼び出すことができるし、場合によれば、何かを話題にして、仮想的な会話をすることすらも、できるようになるかもしれません。

今日はちょっと体を動かして、冒険じみたことをしてみたいなと思えば、近所の「VRジム」に行って、ゴーグルを着用して、簡単な幾つかの道具を使えば、色々な面白いことができるでしょう。ハンググライダーで滑空して、空から世界中の色々な秘境を満喫したり、トリッキーなハイウェイを高速でドライブしたり、草原で馬を駆り、飛んでくる矢を身体を色々と動かしてかわしながら、剣をかざして敵陣に切り込んだり、そういったことです。

絶世の美女や、浮世離れしたほどのイケメンと、しっとりと愛を語ることも、きっとできるようになっているに違いありません（会話以上は無理ですが）。

いかがですか？　こんな「将来」を体験してみたいとは思われませんか？

あなたにはきっとできるはずです。

健康に注意して長生きをして、いつまでも「仕事」と「学び」と「遊び」から離れずに、継続的に脳の活性化に努めていれば、収入も少しは増えて、格安のパソコンも買えないほど貧乏になることもないでしょうし、きっと全てがうまくいくでしょう。

そうなると、こういう生活を楽しむことも、意外に早い時期に、きっと可能になるでしょうから、それを楽しみに頑張ってみましょうよ。

第7章　死ぬまで仕事で何が悪い！

働き続ければ心身の健康にも繋がる

高齢者が定年を過ぎても仕事を続けることのポイント（メリット）を、この本の第3章で、私は「自由」「楽しさ」「誇り」の三点から語りました。特に「誇り」という視点は大切だと考え、そのことを相当強く訴えたつもりです。しかし、ここでは、少し観点を変えて、それが「心身の健康にも良い」ことについても、少しだけ語ってみたいと思います。

昨今の生物学や生化学、医学や遺伝子工学の進歩は目覚ましく、老化現象の解明やアンチエイジング（老化防止）技術の開発も進んでいるので、人間の寿命はこれからもどんどん伸びていくでしょう。

これは基本的には大変良いことだとは思いますが、「待てよ、色々な病気を抱えながら、延々と生きなければならないのは、決して嬉しいことではないよな（生活費も心配だし）」と思い、これを素直に喜べない人も多いでしょう。

「健康なら長生きしたいが、体もまともに動かせずに、周囲に介護の負担をかけ、入退院を繰り返すような生活なら、むしろ早く死んでしまいたい」と考える人の方が、現実には格段に多いように思います。

私自身もそうですが、多くの人が望むのは「健康寿命」であり、それが得られないのなら、「生」に執着する人はあまりいないと思います。周囲の人だって、口では「そんな弱音は吐かないで」と励ましていても、心の奥底では「こんな状態がいつまで続くのかなあ」と困惑しているのが現実でしょう。

いずれにせよ、万人が望むのは、「健康寿命」ができるだけ長く続き、それからあっさりと「死」を迎えることであることは、まず間違いないようです。

「健康寿命」を考えるとき、私はこれをいつも「心（精神、あるいは頭脳）」と「身体」に分けて考えることにしています。そして、特に前者（精神）の方を重視しています。

それは後者（身体）の方が重要でないということでは決してありません。「身体」の健康の方は、既に山のように沢山のことが語られたり書かれたりしていますから、今更私が語ることなどは特にないと思っているからです。

現実に私がやっている健康法はありきたりのものばかりです。野菜をたくさん食べ、過食は控える。飲酒はほどほどに。毎日必ず30分は歩く。それだけです（若い時から下手の横好きで人並みにやっていたゴルフは、脊柱管狭窄症による腰痛のために、70歳代の前半でやめてしまいました）。

定年後も脳を退化させない

さて、この世界で生きている全ての人は、

1）心身ともに元気
2）体調はもう一つだが、頭はいつもしゃんとしている
3）身体は何も問題ないが、認知症が進行中（周囲の人たちにとってはこれが最も大きな問題）
4）心身ともに衰弱

のいずれかに該当していると思いますが、1）は何の問題もないし、4）はもうどうしよ

うもないことなので、我々が考えるべき問題は、このうちの2)と3)にいかに対処するかということではないかと、私はいつも思っています。

結論として、私は、仕事を続けることによって、2)が4)に進むのを防止できるし、3)も、もし手遅れでなければ、少しぐらいは解決できるかもしれないと考えています。


これはもう一時代前の調査結果だと思いますし、もしかしたら私の全くの記憶違いだったということもないとは言えませんが、「米国ではアルツハイマーの発症は、定年退職して間もない銀行員と警察官にとりわけ多い」と聞いたことがあります。この職業を長年勤め上げた人には、真面目で責任感の強い人が多く、その「責任感の重圧」が定年退職で突然なくなると、緊張でいつも張り詰めていた糸が突然切れたような状態になり、脳内のバランスが崩れて、アルツハイマーを誘発するという話だったと思います。

現代のサラリーマンでも、特に趣味も持たず、真面目で仕事一本だった人で、人間関係に気を遣う職場で長い間働いていたような人には、同じことが生じてもおかしくはないのではないかと、私は密かに危惧しています。

精神（心）の安定とは、とどのつまりは、脳内活動が普通に行われている状態だと言えるでしょう。

少しペースが遅くなる（緊張の度合いが薄まる）ことはあっても、これまでと同じような脳内活動が行われていれば問題はないはずですが、それは「以前と同じような仕事（従って以前と基本的には同じような生活）を定年退職後も続けられている」ことを意味しますから、現実的な可能性としてはそんなに高くはありません。

それよりも、「脳内活動はずいぶん変わったが、異なった種類の緊張状態が生じていて、脳の活動量はそんなに変わっていない」という状態を求めた方が、より現実的ではないかと思います。

新しい（慣れない）仕事であれば、仕事の効率は大幅に低下しても、脳の緊張度はむしろ高まり、活動量は総じて維持されるので、問題が生じることはないでしょう。

しかし脳の活動量が、ある日を境として激減することになれば、脳そのものが退化していくのも避けられないでしょう。使わない筋肉が退化するのと同じように、脳も使わなければどんどん退化するのは、当然だと思われるからです。

私は同年代の人たちの言動をずっと見てきましたが、それまでは普通に会話していた人が、ある時から急に話し方に張りがなくなり、話す内容も辻褄《つじつま》が合わなくなったというケースに、何度か遭遇しています。

どうも何かきっかけになることがあって、その人は急に俗事にかまけることに興味を失い、「もういいや」という気持ちになったようです。そうなると、脳内に緊張の糸が張ることもなくなり、脳の活動量は急激に減るのでしょう。

私が言いたいのは至極簡単なことです。

何らかの「仕事」を続けていれば、緊張から自由になることはなく、脳内の活動量も減じることはない。従って、脳は退化しない。

ただそれだけのことです。

「生き方」は大切だが、「死に方」も大切

しかし、寿命はいつかは尽きます。どんなに元気に毎日を送っていても、それが永久に続くことはあり得ないことは、誰でもが知っていることです。

長く生きていれば、その間に医療技術がさらに長足の進歩を遂げ、次々に延命の方策を作り出していくことはあり得るので、将来は、もしかしたら、人によっては150歳とか200歳程度までの延命も可能になるかもしれませんが、「人はいつかは死ぬ」ことには変わりはなく、いずれにせよ五十歩百歩です。

人間の「生」（自分はなぜ生まれてきたのか？ どう生きるべきか？）と「死」（死んだ後はどうなるのか？）は、哲学的な問題ですから、人によって大きく考えは異なるでしょうし、証明不可能な問題なので、永久に「正解」というものは見出せないでしょう。

しかし、この本では、せっかく「高齢者」の生き方について色々と語ってきたのですから、やはり「死に方」についても、私の勝手な考えの一端を語り、読者の皆さんのご参考程度には供しておくべきだと考えました。

「自分はなぜかこの世界に生まれてきて、色々なことを考えたり感じたりし、そして死んだ」。それだけで十分です。

従って、「あなたはどういう死に方をしたいか？」ともし問われれば、哲学的な考えとは全く関係なく、現実に即して淡々と、「自分にとって」と「自分が関係してきた周囲の人たちにとって」の二つの側面から、この問いに答えるべきだと考えます。

死ぬときは淡々とした心境で

人間は一人では生きられず、私自身も常に周囲の人たちとの関係の中で生きてきました。「いかに生きればよいか」という毎日の自分に対する問いかけについても、常にそのような二つの側面から考えてきたわけですから、「どのように死ぬべきか」についても、同じように考えるべきなのは当然だと、私は思っているわけです。

まず、「自分にとっての死に方」についての私の答えは、至極単純明快です。

私の場合は、第一に「肉体的な苦痛がないこと」を希望します。従って、もし不幸にして癌《がん》のような病気に冒されたら、ホスピスのような施設のお世話になることを強く希望しています。

こういうケースに限らず、この私の原則的な考えは不動で、意識が失われて回復の目処が立たなければもちろんのこと、仮に回復の可能性が若干はあっても、長期にわたる苦痛を伴う延命措置は、いかなる場合でも謝絶したいと思っています。

それから、もう一つ、もし可能であれば、死の直前まで「色々な執念（悔しさや残念な気持ちを含む）」が自分の頭の中を占めているような事態は、極力避けられれば良いなと思っています。

つまり落ち着いて、淡々とした心境の中で死ねれば一番良いということです。不慮の事故や、病気や、思いにまかせぬ成り行きのために、自分が生きている間にやりたいと思っていたことが、全然できないままに死を迎えてしまうような事態となれば、それは、やはり、「自分のただ一度の人生が不幸な終わり方をした」ということになり、とても残念なことでしょう。

（ですから、誰でもがよく考えて、そういう確率が少しでも少なくなるように、生涯の計画を作るべきは当然なのですが、私の場合は、この本の第3章の末尾に書きましたように、人生の最終局面で、やや身の丈を超えた仕事に挑戦することになってしまい、これから数年はヒヤヒヤ、ドキドキの毎日で、「90歳になるまで健康を保ちながら生き延びて、一仕事終えた後で静かな心境の中で死ねるかどうか」は、かなり際どいところです。

よく考えてみると、相当割にあわぬ決断をしてしまったのかもしれませんが、自分で決めた

ことなので、この運命は潔く甘受します）

延命治療もお墓もいらない

さて、次に、「周囲にいる人たち」との関係を考えた場合は、もう少し周到な準備が必要だと思います。「周囲にいる人たち」とは、「家族」「友人」「仕事仲間や同好の趣味の仲間」「国家など自分の所属する組織体の他の構成員」、そして「人類全体」ですが、この中では、やはり「家族」が最も重要でしょう。

この人たちに対しては、「負担（迷惑）をかけない」というのが、私にとっての唯一最大の原則です。これは、自分が最後まで「良い高齢者」であり続けるためにも、とても重要なことだと思います。

「負担」とは、心理的、時間的、経済的負担のことを言います。まず、周囲の人たちの「心理的負担」をなくすには、世間を騒がせたりすることなく、普通に病気か老衰（もちろん老衰が理想的ですが）で死ぬことです。このためには、不慮の事故などに遭わぬよう、日頃から自分の行動に十分な注意を払うことが必要でしょう。

次に、周囲の人たちの「時間的負担」を減らすためには、意識がはっきりしなくなったり、死期が近いことがかなり明確になったりした時には、できるだけ時間をかけずに、あっさりと死んで行きたいと思っています。

そのためには、その時期が近くなったら、医師とよく相談して、日本の法律が許す限り、オランダなどですでに法制化されている「尊厳死」の選択に近い形にしてもらうつもりです。

このことは、最後の「経済的負担」を最小化するためにも必要です。私は、これまでもずっと、いかなる無駄も極端に嫌う「経済合理主義者」として生きてきているので、死ぬ時も、もちろん、一切の無駄と虚栄を排して、経済合理主義者の面目を保ちたいと思います。

意味のない私の延命に使うお金があるのなら、生きている人たちのために使ってほしいと、心から思っています。

私の場合は、お墓も作らず、遺灰は海洋散布と決めています。ずっと将来まで私のことを偲《しの》んでくれる人がもしいるとすれば、デジタル空間に残っている私の色々な文章や、画像・映像を見ていただければ、お墓にお参りしてもらうより嬉しいのです。

思うがままにやって生きる

人間はどんな人でも、毎日何らかの決断をしながら生きています。

早い話、レストランや食堂で何を注文するかも一つの決断です。あまり期待もせずに注文したものが意外に美味しかったりすると、「あ、これ、正解だった」と嬉しくなりますし、逆に期待外れだと、「大失敗だったなあ」としばらくの間落ち込みます。

着るものはもっとそうです。激安に釣られて買っただけの物が、なぜか気に入って、しょっちゅう着ていることもありますし、逆に大枚を叩《はた》いたのに、何となく気に入らず、滅多に着ることのないものもあります。

しかし、そんな小さな決断ではなく、大きな決断をせねばならないことも、長い人生の中ではしばしばあります。その中でも特に大きいのは、「結婚」と並び、「就職（または転職、または起業）」でしょう。

すでに決まった職場の中にいても、「自分の発案で新事業に挑戦する」といったことになると、やはり大きな決断だと言えます。

レストランでの注文や買い物と同様で、こういった大きな決断についても、後で考えてみると、「決断してよかった」ケースと「悪かった」ケースがあるのは当然ですが、その判断はなかなかつき難かったり、あるいは永久にわからなかったりするケースがほとんどだと思います。

例えば、ある事業機会に夢中になって、一大決心をして取り組んではみたものの、思惑が外れて四苦八苦などということはしょっちゅうあり、その時は「やらなければよかった」と大いに後悔しますが、悪戦苦闘のうちに思わぬ別の発見があり、そこから当初は思いもしなかった新しい事業機会が生まれて、最終的には大成功というケースも時折あるのです。

私などは、生まれながらの性格がそういうふうだったのか、余程のことがないと「チャンスを見送る」ということができないらしく、小さいものを含めれば、生涯を通じて「挑戦」は数知れません。

従って、当然のことながら満身創痍《そうい》ですが、そのお陰で経験値も半端ではなく、結果として、そのような生き方を特に大きく後悔することもなく、今日まで生きてきました。まだまだ成否の見込みのつかぬ仕事を数多く抱えているので、死ぬ時にどんな総括ができるかはまだわかりませんが、恐らくは、

「色々あったけど、思うがままにやってきたのだから、悔いはないよね。まあ、こんなものでしょう」

と思って死ぬるのではないかと思っています。それ以上に何を望むことがあるでしょうか？

「生涯の価値」は最後に決まる

人は皆、自分の生涯の「価値」は、自分で決めるしかありません。

「世評」などというものは、もし好意的なものがあれば、「よしよし、わかってくれている人はわかっているんだ」と、一人でニンマリしていれば良いし、厳しいものや悪意あるものについては、「わかってねえなあ」と切り捨てておけば良いのです。

私とは異なり、この本を読んでくださったほとんどの人にとっては、「死ぬ時」はも

っとずっと先のことですから、そんなことを意識することはほとんどないでしょう。

しかし、最終的に自分が下す「自分自身の生涯についての評価」は、死ぬ時にしか決まりません（それまでの評価は、いつかは覆されるかも知れないのです）。

ですから、私の最後のアドバイスは唯一つで、極めて単純明快なものです。

それは、「迷ったら、思い切ってやる」ことです。

そして、そういう「姿勢」を、いつまでも変えないことです。

そうすれば、あなたの生涯が最終的にどういうものだったとしても、あなたは死ぬ間際にきっとこう思うでしょう。

「思うがままにやってきたのだから、特に悔いはないよね」。

いつも心配事ばかりが先に立って、色々と悔いを残す生涯を送るよりは、その方がずっと幸せなのではないでしょうか？

あ、一つ重要なことに言及するのを忘れていました。それはお金の問題です。

お金というものは、その時々には、必死で求めなければならない対象となりますが、生涯を通じて考えれば、何ということもない「かりそめのもの」でしかありません。

金銭的な成功は、若い時にこそ、「普通の人にはできない色々な体験ができる」とか「それを元手にしてさらに大きな挑戦ができる」とかのメリットがありますが、死ぬ間際になれば、もうほとんど何の意味もありません。「虚栄（自分を格好良く見せたい、あるいは自分で格好いいと思いたい気持ち）」と「お金」は双子のきょうだいのようなものですが、そういうことに興味がなくなってしまう時期が一日でも早ければ、それだけ幸せだと言えるかもしれません。

「名誉」も、人が与えてくれるもの（表彰状や、勲章、彫像の建立と言ったものを含む）は、概ねは「かりそめのもの」です。生きている間はしばしば「虚栄」の対象にしかなり得ず、死んでしまった後は、評価は人によってまちまちであり、何時ひっくり返るかわかりません。

これからは、デジタル空間に残される多くの人たちの膨大な記録は、その都度変わる第三者の評価と共に、長い間消えることがないでしょうが、ほとんどの人にとっては、それだけで十分でしょう。

そんなことよりも、死ぬ間際に自分自身が感じる自分自身に対する評価の方が、ずっと重要です。

仕事人生は「覚悟」を形成するためにある

死ぬ間際には、もはやお金にも名誉にもほとんど関心はなく、後悔や恨みつらみとも無縁で、「人の一生は、まあ、こんなものでしょう」という淡々とした気持ちになっているのが、おそらく多くの人にとっての理想でしょう。

しかし、そのためには、自分の心の中に、ある種の「覚悟」といったものが、それまでの長い人生の中で徐々に形成されてきていることが、どうしても必要です。

そのように考えると、若い時から延々と続いてきた、そしてこれからも続いていく、皆さんの「仕事人生」も、全てこの「覚悟」を形成していくのに必要なものだったのだと、考えることもできるでしょう。

毎日を、こうして形成されてきた自分の「覚悟」を再確認するためのものだと捉え、そのことを常に意識しながら過ごすようにすれば、色々な心配事や苛立ちからも自由になれるでしょう。そして、このように考えながら毎日を過ごしていれば、これからの皆さんの日々の決断も、少しずつ違ったものになっていくかもしれません。

この本を最後まで読んでくださったあなたは、とどのつまり、「仕事」というものが結構好きだった人なのだと思います。それならば、これからも、自分がやろうとしている「新しい仕事」に少しでも迷いが生じたときには、自分の心の中でこう嘯いてみられたらいかがでしょうか？

「要するに、自分はこういう仕事がしたい人間なのだ」。いや、もっと開き直ってみてもいいですね。

「仕事が好きで、何が悪い」

おわりに

私は、何でも人のせいにして、世の中がうまく行っていないのは、「政治家や官僚がだめだからだ」と片付けてしまう人達が多いのをいつも嘆いています。「ぶつぶつ言う前に、自分がやれることをもっとやったら?」と思うからです。

私だって、政治家や官僚に言いたいことは山ほどありますが、それは、自分がやるべきことをまず力一杯やってから言うべきだと思っています。

この本もそういう観点から書いていますから、これまで国に対する注文がましいことにはほとんど言及してきませんでした。しかし、最後にはやはり、そこにも言及すべきではないかと思いましたので、以下に順不同で、私が国にやってもらいたいと思っていることを書き連ねてみます。

次のような多くの課題について、できるだけ早い時期に、何らかの進展があれば大変嬉しく思います。

逆説的に聞こえるかもしれませんが、まず私が真っ先に政治家の先生方に注文をつけたいのは、「どうか、お願いですから、老人の、老人による、老人のための政治」などと言われないように、「若い働き盛りの人達の立場にたった」政策をどんどん打ち出してほしいということです。

理由は簡単で、我々高齢者は、若い働き盛りの人達から憎まれたくないからです。この本の第1章でも書きましたように、放っておけば、多くの政治家が、老人に迎合した政策を提案したがるに違いありません。忙しい働き盛りの人達と異なり、暇な老人達は必ず選挙に行くからです。

しかし、この状況が続けば、そのうちに、老人というだけで若い人たちから白い目で見られるような、嫌な世の中になってしまわないとも限りません。

具体的には、年金政策と医療保険制度です。第1章で色々言いましたから、ここでは繰り返しませんが、「厳しいことを言いますが、制度が破綻するよりはこの方がマシでしょう」と高齢者層を説得する勇気を、与野党を問わず、全ての政治家に求めたいと思います。

医療保険制度については、日本の制度は世界のどんな国より手厚いように思いますが、苦痛や不安、周囲の人達への後ろめたい気持ちといったものを、抱えきれないほどたくさん抱えながら、いつまでも生きていたくはないという「多くの高齢者の本音」についても、政治家は真剣に考えてほしいと思います。

具体的には「尊厳死」の法制化です。オランダなどはこの面でずいぶん進んでいるので、これに範をとるべきです。一定の年齢に達したら、あるいは不治の病の病状が一定レベルに達したら、医師や都道府県の福祉担当部局が、全ての人に「延命治療に関する意思の確認」を行い、それを「誰にでも分かり易い形で文書化」しておく制度をつくるべきです。

これがきちんとできていれば、多くの医師や看護師、そして、親族の介護に疲れ切っている人達にとって、大きな救いとなることは間違いありません。

認知症に冒された人達や、そういう人達を介護せねばならない立場にある人達、老老介護に疲れ切っている人達や、寄る辺のない独居老人達、等々の多くの不幸な人達を救う方策については、私にはあまり良いアイデアがありません。自分自身が恵まれた状況にあるので、ひたすらそれに感謝するしか、残念ながら今の私には能がないのです。

しかし、過疎地などで農業を営んでいる人達については、その人達の安全を確保することが、地方自治体などにとっていかに大変かを聞き及んでいたので、色々な方策を考えてみたことはあります。

自分の耕作地の近くに住むのではなく、市町村の中心部にある堅固で安全な集合住宅に住んでもらい、「自分の耕作地の状況は遠隔で監視できるようにした上で、自動運転のデマンドバスなどで毎日自分の耕作地に出勤する」というシステムを作るといったことなどです。しかし、このことを丁寧に語り出したら、この本の趣旨からどんどん離れていってしまいますので、ここではこれ以上は深入りしないことにします。

世の中の多くの人達は、政府のやっていることに何でもイチャモンをつけるのが好きなようですが、私は政府が進めている「働き方改革」などは一応評価しています。働きたい高齢者に働く場を与えようとしている諸制度についても、それなりに評価してはいますが、現状では求職と求人のミスマッチが大きいので、何らかの抜本的な施策や、意識改革が必要だと思っています。

全ての面で最大の鍵は、やはり「デジタル化の恩恵」を如何にしてうまく高齢者に享受してもらえるようにするかだと思います。これは、「仕事」、「学び」、「遊び」の全てにおいてです。日本の最大の失敗は、子供の時からQWERTYキーボードを使いこなせるようにする「パソコン教育」を、国が長い間サボってきたことだと私は思っていますが、現在の高齢者はその犠牲者とも言えます。

幸いにして最近は、「音声入力をベースとした生成ＡＩ」なども普通に使えるようになってきたので、このハンディキャップはなくなりつつありますが、次世代の人達のためには、やはり、一刻も早く「小学校からのパソコン教育」を充実させるべきです。現時点でもすでに、ほとんどの小中高校でパソコン教育は形の上では導入されていますが、最近の文科省の発表では、「その80％程度が、主としてネット環境の不備から、満足すべき状態にはなっていない」という、何とも情けない状況のようです。

この辺で少し視点を変えて、豊かな高齢者のための施策についても考えてみましょう。

日本では、国が救いの手を差し伸べなければならない悲惨な境遇に置かれた高齢者の方々も少なくない一方で、長い間勤勉に働いてきて、さしたる贅沢もしてこなかった結果として、結構な蓄えを持った高齢者の方々がかなりおられることも事実のようです。

こういう人達を狙った「振り込め詐欺」の類が猖獗《しょうけつ》を極めていることも広く知られており、警察庁の多大の努力にかかわらず、犠牲者は後を絶ちません。世界中の詐欺師達もそれなりに、常に頭をひねり、次々に新しい手口を編み出してくるのですから、なかなか一筋縄では行かないのでしょう。

最近は詐欺だけでは飽きたらず、同じようにネットを駆使して、ちょっとした小遣い稼ぎをしたい若者達を強盗団に仕立て上げる、新しい形の組織犯罪も増えています。こうなると、小金を持った高齢者達は、お金を取られるだけでなく、命まで取られるリスクが増えますから、警察の責任はますます大きくなっています。

ここでも鍵は、守るも攻めるも、デジタル（ネット）の処理能力であり、警察は人事・教育面でもこの能力の向上に注力し、色々なところに罠を仕掛けて、「やられる前にやる」体制を作るべきです（ここでも、「専守防衛」ではボロ負けしてしまうのです）。

生まれついての勤勉さ故に小金を持つに至った高齢者達を、犯罪から守る努力が欠かせないのは勿論ですが、一方では、このような「ちりも積もれば山となった」巨額のタンス預金が、国の経済の活性化の為には、全く役に立っていないのも事実のようです。

国（財務省）は「相続税でごっそり取る」作戦で「事足れり」と考えているのかもしれませんが、やはり、この巨額の資金を、所有者にリスクを負わせることなく、早い時点で経済活性化に活かす道を、もっと真剣に考えて然るべきでしょう。

NISAの拡充はそれなりに成果を上げているようですし、エンジェル投資を促進する税制なども評価すべきでしょうが、まだまだ色々な工夫がなされて然るべきだと思います。

また、「自分の人生の結晶とも言える余裕資金を、何か有益なことに寄付して後世に残したい」と考えているかもしれない人達のために、「寄付金を優遇する税制」も、すぐにでも拡充すべきだと思います。これは、欧米に比べて、日本が著しく遅れていることの一つです。

さて、色々と書いてきましたが、この本では、「定年を一つのチャンスと捉え、残る人生は大いに冒険をしてみたら」と散々煽ってきたのに、この終わり方ではあまり冴えません。

そこで最後に、政治的な決断を求める「思い切った提言」を一つして、この本の最後を締めくくらせて頂きたいと思います。

それは「全ての子供に0歳から選挙権を与える」という、世界にも例を見ない全く新しい選挙制度を、日本が世界に先駆けて導入することです。

ネット上では「生産年齢人口から外れた高齢者からは選挙権を取り上げるべし」という、さすがの私でもムカッとするような暴論を時折見かけますが、同じく生産年齢人口から外れている子供達にも票を割り当てるという前向きの提案なら、この人達にも文句はないでしょう。

やることがいつも遅く、ダイナミズムに欠けていると思われてきた日本が、多くの先進諸国が悩み始めてきている「少子高齢化」に先手を打って、このような「驚天動地の政策」をいち早く導入すれば、世界中が目を見張り、きっと日本を見直すことになるでしょう。もはや誰も、日本の政治を「老人の、老人による、老人のための政治」と嘲ることは、少なくともできなくなります。

具体的にどうするかと言えば、これからの全ての国政と地方政治に関わる選挙では、全国民が2票ずつの投票権を持つこととし、未成年の場合は、その投票権を父親と母親が1票ずつ行使できるようにする（片親なら1人の親が2票行使する）のです。両親が離婚している場合はどうするのか？　再婚した場合の取り扱いは？　養子縁組の場合は？等々、色々複雑なケースはありましょうが、それは一つ一つ丁寧に議論して、多くの人達が納得できるような、細やかなルールを作っておけば済むことです（今白熱している「共同親権」や「同性婚」の議論とも併せて、これまでの「親族法」を、この際根底から見直すことは、いずれにしても必要でしょう）。

これは、子供を産んで育てる世代に、直接経済的な恩恵をもたらすものではありませんが、その人達の政治に対する影響力が倍増することを意味します。子供を産んで育てている人達は、国が自分達の意見をその他の人達以上に重視していることを知り、ある種の「誇りのようなもの」を感じるでしょうし、間違いなく、「政治をもっと真剣に考え、棄権はしない」ようになるでしょう。

そうなれば、多くの政治家が、出産や育児を容易にするような政策を争って次々に考えるようになり、結果として、日本の少子高齢化には、大きく歯止めがかかることになるでしょう。

私は、この本で、多くの高齢者やその予備群の方々に、少しでも長く働き、自分の力で社会の一隅を照らし、この世の中や将来の世の中を少しでも良い方向へと導く「良い高齢者」になってもらえるように、色々と訴えました。

しかし、それだけでは飽き足らず、最後に、「自分達の持つ政治的な影響力を薄め、出産や育児という大きな負担を抱えた人達の影響力を増やす」という、思い切った政治的提案をしています。若い人達が、高齢者達が自ら提起したこのような提案を、「潔いなあ」と思ってくれたら、とても嬉しいことですね。

そうです。高齢者は、何よりも、自ら「潔く」あるべきです。先が短いのですから、思い切って潔くあっても、失うものはさして大きいわけはなく、躊躇するには値しません。

松本徹三　まつもと・てつぞう
1939年東京生まれ。京都大学法学部卒業。伊藤忠商事（米国会社エレクトロニクス部長、東京本社通信事業部長等）、クアルコム（米国会社上級副社長、日本法人社長）、ソフトバンクモバイル（取締役副社長）で通算51年間勤務。その後７年間は海外で仕事をした後、日本全国のレーダー施設で取得した海面情報を様々な需要家に提供するORNIS株式会社を82歳で創業。

朝日新書
958

仕事《しごと》が好《す》きで何《なに》が悪《わる》い！
生涯現役で最高に楽しく働く方法

2024年６月30日第１刷発行

著　者　松本徹三

発行者　宇都宮健太朗
カバーデザイン　アンスガー・フォルマー　田嶋佳子
印刷所　図書印刷株式会社
発行所　朝日新聞出版
〒104-8011　東京都中央区築地5-3-2
電話　03-5541-8832（編集）
　　　03-5540-7793（販売）

Published in Japan by Asahi Shimbun Publications Inc.
ISBN 978-4-02-295269-1
定価はカバーに表示してあります。

落丁・乱丁の場合は弊社業務部(電話03-5540-7800)へご連絡ください。
送料弊社負担にてお取り替えいたします。

オホーツク核要塞
歴史と衛星画像で読み解くロシアの極東軍事戦略

小泉　悠

超人気軍事研究家が、ロシアによる北方領土を含めたオホーツク海における軍事戦略を論じる。この地で進む原子力潜水艦配備の脅威を明らかにし、終わりの見えないウクライナ戦争との関連を指摘し、日本の安全保障政策はどうあるべきか提言する。

人類の終着点
戦争・AI・ヒューマニティの未来

エマニュエル・トッド
マルクス・ガブリエル
フランシス・フクヤマ ほか

各地で頻発する戦争により、世界は「暗い過去」へと逆戻りした。一方で、飛躍的な進化を遂げたAIは、ビッグテックという新たな権力者と結託し、自由社会を脅かす。今後の人類が直面する「歴史の新たな局面」を、世界最高の知性とともに予測する。

ルポ　出稼ぎ日本人風俗嬢

松岡かすみ

性風俗業で海外に出稼ぎに行く日本女性が増えている。本書は出稼ぎ女性たちの暮らしや仕事内容を徹底取材。なぜリスクを冒して海外で身体を売るのか。貧しくなったこの国で生きていくとはどういうことか。比類なきルポ。

パラサイト難婚社会

山田昌弘

個人化の時代における「結婚・未婚・離婚」は何を意味するか？　3組に1組が離婚し、60歳の3分の1がパートナーを持たず、男性の生涯未婚率が3割に届こうとする日本社会はどこへ向かうのか？　家族社会学の第一人者が課題に挑む、リアルな提言書。

財務3表一体理解法
「管理会計」編

國貞克則

「財務3表」の考え方で「管理会計」を読み解くと、どうなるか。原価計算や損益分岐などお馴染みの会計テーマが独特の視点で解説されていく。経営目線からの投資評価や事業再生の分析は「実践活用法」からほぼ踏襲。新しい「会計本」が誕生！

直観脳
脳科学がつきとめた「ひらめき」「判断力」の強化法

岩立康男

最新研究で、直観を導く脳の部位が明らかになった。優れた判断をしたいなら、「集中すること」は厳禁。直観力を高めるためには、むしろ意識を「分散」させることが重要となる。これまであいまいとされてきた直観のメカニズムを、脳の専門医が解説。直観を駆使し、「創造力」を発揮するための実践的な思考法も紹介する。

宇宙する頭脳
物理学者は世界をどう眺めているのか？

須藤　靖

宇宙物理学者、それは難解な謎に挑み続ける探求者である。奇人か変人か、しかしてその実態は。宇宙の外側には何があるか、並行宇宙はどこに存在するか？　答えのない謎に挑む彼らの頭の中から科学的なものの見方まで、物理学者のユニークな思考法を大公開！　筆者渾身の文末注も必読。

民主主義の危機
ＡＩ・戦争・災害・パンデミック――世界の知性が語る地球規模の未来予測

大野和基／聞き手・訳

中東での衝突やウクライナ戦争、ポピュリズムのさらなる台頭が世界各地に危機を拡散している。社会の変容は未来をどう変えるのか。今、最も注目される知性の言葉からヒントを探る。Ｉ・ブレマー、Ｆ・フクヤマ、Ｊ・ナイ、Ｓ・アイエンガー、Ｄ・アセモグルほか。

何が教師を壊すのか
追いつめられる先生たちのリアル

朝日新聞取材班

定額働かせ放題、精神疾患・過労死、人材使い捨て、クレーム対応……志望者大激減と著しい質の低下。追いつめられる教員の実態。先生たちのリアルな姿を描き話題の朝日新聞「いま先生は」を再構成・加筆して書籍化。

米番記者が見た大谷翔平
メジャー史上最高選手の実像

ディラン・ヘルナンデス
サム・ブラム
志村朋哉／聞き手・訳

本塁打王、2度目のMVPを獲得し、プロスポーツ史上最高額でロサンゼルス・ドジャースへの移籍が決まった大谷翔平。渡米以来、その進化の過程を見続けた米国のジャーナリストが語る「二刀流」のすごさとは。データ分析や取材を通して浮かび上がってきた独自の野球哲学、移籍後の展望など徹底解説する。

うさんくさい「啓発」の言葉
人〝財〟って誰のことですか？

神戸郁人

「人材→人財」など、ポジティブな響きを伴いつつ、時に働き手を過酷な競争へと駆り立てる言い換えの言葉。こうした〝啓発〟の言葉を最前線で活躍する識者は、どのように捉えているのか。そして、何がうさんくさいのか。堤未果、本田由紀、辻田真佐憲、三木那由他、今野晴貴の各氏が斬る。

ルポ　若者流出

朝日新聞「わたしが日本を出た理由」取材班

新しい職場や教育を求め日本を出て海外へ移住する人々の流れが止まらない。低賃金、パワハラ、日本型教育、男女格差、理解を得られぬ同性婚など、閉塞した日本を出て得たものとは。当事者たちの切実な声を徹底取材した、朝日新聞の大反響連載を書籍化。

エイジング革命
250歳まで人が生きる日

早野元詞

ヒトは老化をいかに超えるか？　ヒトの寿命はいかに延びるか？　「老いない未来」が現実化する今、エイジング・クロックやエイジング・ホールマークスといった「老化を科学する」視点をわかりやすく解説する。国内外で注目を集める気鋭の生物学者が導く、寿命の進化の最前線！

損保の闇　生保の裏
ドキュメント保険業界

柴田秀並

ビッグモーター問題、カルテル疑惑、悪質勧誘、レジェンド生保レディの不正、公平性を装った代理店の手数料稼ぎ……。噴出する保険業界の問題に向き合う金融庁は何を狙い、どう動くか。当局と業界の「暗闘」の舞台裏、生損保の内実に迫った渾身のドキュメント。